JN055408

ナマイキだからカワイイ中学生を相手に

国語授業で立ち往生!?
先生のピンチを救うスキル50

まえがき

「授業がうまくいかない」という悩みは多い。一生懸命に準備をして臨んだ授業なのに、生徒が発言しない。意見が書けない。話し合いをうまくまとめられない。そして、授業が「立ち往生」する……。

かつての私もそうだった。原因は明白である。生徒を活動させるための「技術」がなかったのだ。

ＴＯＳＳに出会い、向山型国語を知り、発問と指示で生徒に活動させる授業技術を学んだ。教材研究のやり方が根本的に変わった。「先生の授業は楽しい」と言われることが増え、大きく「立ち往生」することは、ほとんどなくなった。今回、樋口編集長から単著の企画をいただき、私が向山型国語で学んできたことが、授業に悩む先生方にとって僅かでもお役に立てるなら、という思いで書かせていただいた。

第１章は、教師も生徒も「立ち往生」しそうな授業場面を取り上げ、対応の技術や考え方を紹介するというコンセプトである。「〝立ち往生〟対応の原則・秘策」として十ヶ条にまとめた。

第２章は、実際の教科書教材の指導を基に、私が普段意識していることや教材特有の指導のコツなどを、「立ち往生しない授業のワンポイント解説」として紹介している（※本書で扱っている教材はすべて光村図書の令和三年度版中学国語教科書である）。

最後に、ＴＯＳＳ・向山型国語という学びの場を作って下さった向山洋一先生、中高向山型国語で貴重な学びを共有して下さる長谷川博之先生を初めとする全国の同志、そして、本書執筆の機会を与えて下さった樋口編集長、阪井一仁氏に、この場を借りて心より感謝申し上げます。

令和五年六月四日　村上睦

第2章の活用について

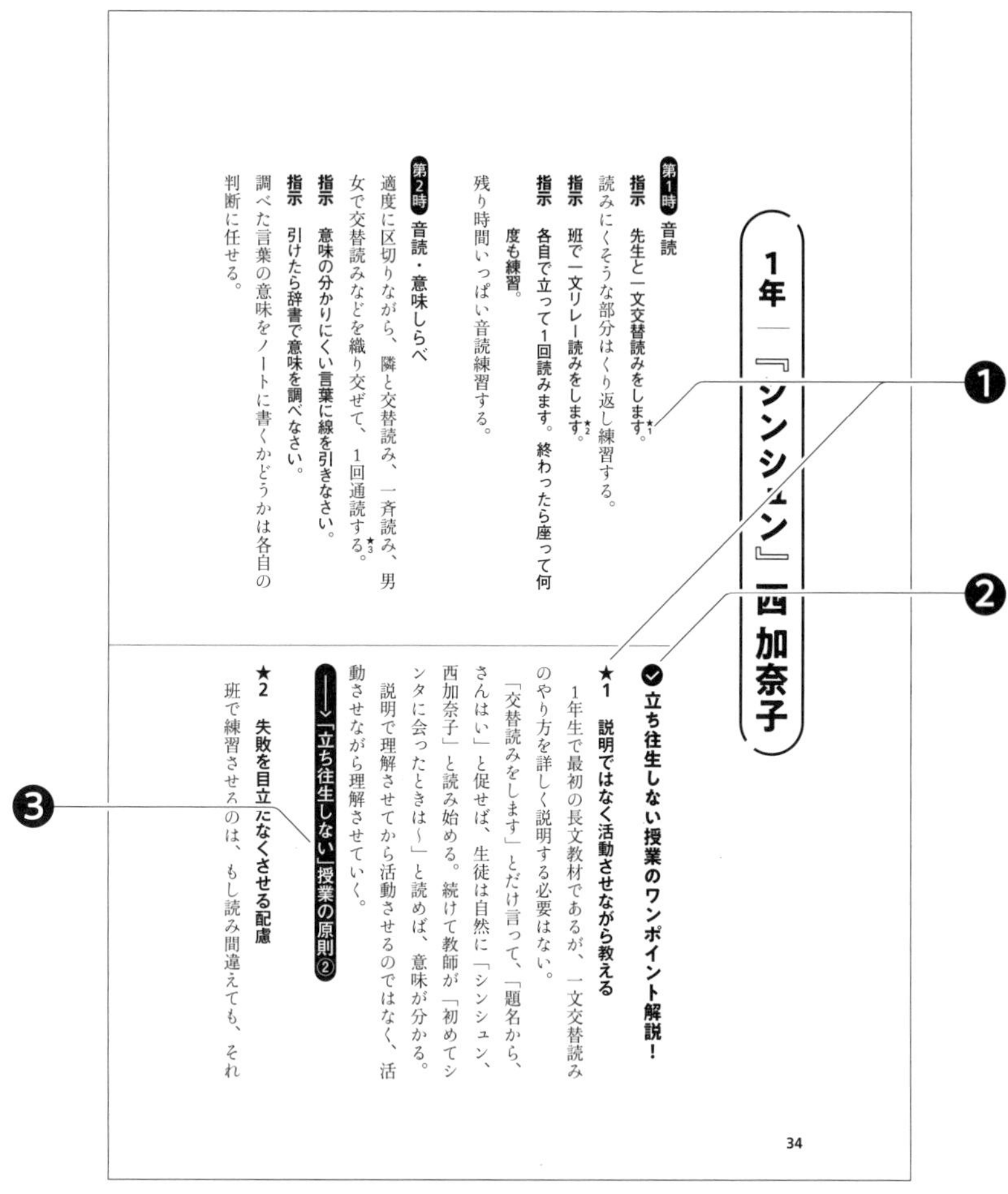
1年 『シンシュン』西加奈子

第1時 音読

指示 先生と一文交替読みをします。★1

読みにくそうな部分はくり返し練習する。

指示 班で一文リレー読みをします。★2

指示 各自で立って1回読みます。終わったら座って何度も練習。

残り時間いっぱい音読練習する。

第2時 音読・意味しらべ

適度に区切りながら、隣と交替読み、一斉読み、男女で交替読みなどを織り交ぜて、1回通読する。★3

指示 意味の分かりにくい言葉に線を引きなさい。

指示 引けたら辞書で意味を調べなさい。

調べた言葉の意味をノートに書くかどうかは各自の判断に任せる。

✔立ち往生しない授業のワンポイント解説！

★1 説明ではなく活動させながら教える

1年生で最初の長文教材であるが、一文交替読みのやり方を詳しく説明する必要はない。

「交替読みをします」とだけ言って、「題名から、さんはい」と促せば、生徒は自然に「シンシュン、西加奈子」と読み始める。続けて教師が「初めてシンタに会ったときは～」と読めば、意味が分かる。

説明で理解させてから活動させるのではなく、活動させながら理解させていく。

→「立ち往生しない」授業の原則②

★2 失敗を目立たなくさせる配慮

班で練習させるのは、もし読み間違えても、それ

34

❶【上段】
発問・指示を中心とした授業案です。基本的にそのまま追試できる形になっています。

解説が第1章の「立ち往生しない」授業の原則に関連する場合、その番号を示してあります。併せて読むと、立ち往生しない授業の原則をより意識するようになります。

❷【下段】
上段の発問・指示について、その意味や留意点などを詳しく解説しています。

❸上段の★の番号に対応する詳しい解説が、下段の★に書かれています。必要に応じて読むことで、授業行為のねらいを詳しくつかめます。

目次

2章 教科書教材の授業実践と教師のねらい解説

1章

「授業で立ち往生」リアル場面&対応策

対応の原則・秘策10

生徒に発言を求めても、誰も手を挙げない……。

話し合い活動をさせても、シーンと静まりかえっている……。

作文を書かせても、一文字も書かずに固まっている……。

授業は、いったん始めたからには、最後までやりきらなければならない。それなのに、これ以上進むことも、後戻りもできない、まさに「立ち往生」。

そんな情けない経験が、私にも数多くある。

だからこそ、その中から培ってきた「立ち往生場面」の対応策や、考え方の原則を、自信をもって紹介したい。かつての私のように、毎日の授業で「立ち往生」して困っている方への処方箋になれば、と願っている。

「立ち往生」場面

Q1 綿密な予習と分かりやすい板書計画が役に立たない…

じゃあ、どうする？「立ち往生」しない授業の原則①

✓ 「発問」と「指示」で子どもを活動させる授業を作る！

大学を出た最初の年、進学校の高校で非常勤講師をしていた。

そこで自分がやっていた授業は、自分が受けてきた授業の再現であった。つまり、教材を読み込み、自分なりに解釈した内容を、分かりやすい板書計画と丁寧な説明で、いかにうまく伝えるかということに腐心していた。

進学校だったので、授業が荒れることはなかった。成績上位の生徒は、私の授業中に別の教科の勉強をしていたが、テストはほぼ満点だったので、何も言わなかった。そんなものだと思っていた。

次の年からは私立高校の非常勤講師になったが、授業スタイルは変わらなかった。

学力低位の生徒が多い学校だった。授業はだんだん荒れていった。こちらが一生懸命説明しているのに、真面目に授業を聞く生徒はどんどん減っていった。次第に私語が広がり、それを注意するたびに授業が中断する。たまに本気で怒ると、しばらくは静かになったが、そのうちさらに教室は騒然としていった。寝る生徒も増えていった。

生徒を授業に向かせるために、いろいろと考えた。

「授業の最初に心理クイズ」をやったこともあった。「あなたは森の中を歩いています。最初に出会った動物は何ですか？」というようなクイズである。これをやっている時だけは、生徒がこっちを向いた。

それもだんだん飽きてくるので、次は「ピコピコハンマー」を持ち込んだ。寝ている生徒がいたら、そーっと近づいて、「ピコ！」とやるのである。周りの生徒はゲラゲラ笑う。そうやって、「授業を明るく」していたのである。だが、授業内容は相変わらず教師の説明一辺倒だから、当然ながら、生徒はだんだん授業から離れていった。

ある時、真面目な女子生徒を指名した。今、説明したばかりのことを答えさせたのである。

すると、その生徒は、「え、何ですか？」と言った。

その瞬間、私は、「ああ、今この瞬間、この四〇人の誰一人、授業を聞いていない」と感じた。

そのまま授業をほったらかして、職員室に戻った。

「俺はこんなに頑張っているのに、生徒が話を聞かないのが悪い」と思っていた。

努力していなかったわけではない。だが、「生徒を活動させる」という視点が、皆無であった。

教師が一方的に説明するような、自分が進学校で受けてきた授業スタイルしか知らなかったのである。

それから数年後、ＴＯＳＳに出会い、「発問」「指示」の重要性を知った。

そして、授業は激変した。

「発問」と「指示」で子どもを活動させるという授業の基本を知り、使いこなすこと。

それが授業の「致命的立ち往生」を防ぎ、生徒にとって価値ある授業を提供する第一歩である。

「立ち往生」場面

Q2 課題について丁寧に説明しても、何をするのか分かってくれない…

じゃあ、どうする？「立ち往生」しない授業の原則②

✓「学習内容」と「学習方法」を分けて、小刻みに活動させる！

校内の研究授業。しっかり教材研究をして、活動場面も考えた。先行実践をたくさん調べて良い発問を選りすぐった。準備は万端である。

授業の初めに、本時の活動内容について丁寧に説明する。説明用の掲示物もバッチリだ。参観者がいるから、生徒もやや緊張気味で、全員しっかり話を聞いている。説明が終わり、いざ、活動に入る。――が。動きが鈍い。

「先生、何すればいいんですか？」と質問が出る。慌てて、「さっき説明したように……」と、課題についてさらに詳しく補足説明をする。

ようやく活動が始まったグループを見て回ると、ワークシートに書き込む場所が違う。

そのうち、早く活動が進むグループと遅いグループとで時間差ができ始める。

結局、予定していた主発問にたどり着く前に、チャイムが鳴って終了。授業後の検討会では、「時間配分が甘かったです」と反省を述べることになる……。

こんな経験は、誰でもあるだろう。というより、かなり多くの研究授業で見られる光景ではないだろうか。

このように授業が立ち往生する主たる原因は、説明が多いことである。

一部の賢い子は、聞きながら理解することができるが、多くの子は次々と説明される内容を片っ端から忘れているのが普通だ。だから、いざ活動に入った時に、「何をするんですか？」となるのである。

さらに言えば、「学習内容」と「学習方法」を同時に説明していることも原因である。

A「この場面でのメロスは、『勇者』と言えるか言えないかを考えます」

B「ワークシートの①の欄に自分の考えを書きます」

C「グループで意見を伝え合って、友達の意見を②の欄に書きます」

このように活動を説明した場合、Aは「学習の内容」、つまり「何を学習するのか」ということであり、B～Cは「学習の方法」、つまり「どのように学習するのか」ということである。この二つを同時に説明しているから、生徒にとって負荷が高いのである。では、どうすれば良いのか。

「学習内容」と「学習方法」を分けて、小刻みなステップで活動させるのが良い。

たとえば、「メロスは勇者だと言えますか、言えませんか」と問い、挙手させる。そして、「お隣さん同士で意見を言い合いなさい」と指示する。その上で、「ワークシートに意見を書きなさい」と進める。このように、小刻みに活動させながら進めることによって、「学習内容」と「学習方法」を分けて指導することができる。

「立ち往生」場面

Q3 授業中にいつも寝ている生徒をどうすればいいのか分からない…

じゃあ、どうする？「立ち往生」しない授業の原則③

✓寝ている生徒が参加したくなる授業をつくる

授業中に寝ている生徒は、どの学年、どの教室にもいるだろう。中には、授業の最初から寝ている生徒もいる。授業が退屈で、つい寝てしまうのではない。初めから、寝ようとして寝ているのである。

「授業中ですよ。起きなさい」と声をかける。生徒はだるそうに体を起こす。だが、机の上は何も出ていない。そのままボーッとしている。「教科書を出しなさい」と言っても動かない。仕方なく、教科書を机の中から出してやる。親切にページも開いてやる。生徒は面倒くさそうに筆箱を開け、シャープペンシルを取り出す。

よし、これで大丈夫、と授業を再開する。だが、しばらくして見ると、開いた教科書の上に突っ伏して寝ている。近づいて、肩をトントンと叩く。「起きなさい」と声をかけても、返事がない。ここまで来ると、周りの生徒も呆れて苦笑しながら、そのやりとりを見ている。

時には、あまりにしつこく声をかけていると、「うるせーな！」「うぜえ！」等と暴言が出る。「教師に暴言を吐くんじゃない！」と、こちらも興奮して対応してしまうと、もうアウトである。授業どころではない。真面目に参加しようとしている大多数の生徒をほったらかしにして、その生徒に対応した結果、そうなってしまうのである。

こんな経験はないだろうか。私には何度もある。

では、そんな生徒に、どう対応するのか。

私の場合、まず、「教室に来ているだけでエラい」と思うようにしている。教室に来るのが当たり前ではないか、と思うかもしれない。だが、そうではない生徒もいる。家庭でも学校でもさまざまな事情を抱え、教室に行くのが面倒くさい、ダルい、と思いながら、それでも足を運んで来ている生徒もいる。それだけで「エラい」と思えば、接し方が変わる。

具体的には、「無理に起こさない」というのが対応の原則である。なぜなら、

起こすことが目的ではない

からだ。

「授業中に寝てはいけない」という指導は、当然必要だ。だから、寝ている生徒がいれば、何度か声かけはする。しかし、「起こすこと」が目的ではないはずだ。何のために起こすのか。それは、授業を受けさせるためだ。生徒が授業に参加し、起きていなければできない教育活動を与えることが目的である。起こすだけ起こしておいて、一方的に教師が説明するだけの授業を聞かせるくらいなら、授業を録画しておいて後で見せれば良いのである。

先日の授業でも、最初から寝ている生徒がいた。漢字スキルの時間から突っ伏していたので、軽く肩を叩いて声

をかけた。「大丈夫？　眠いだけ？」と聞くと、「うん」と言うので、「よし。つらかったら保健室に行けばいいからね」とだけ言って、すぐ離れた。

教科書に入り、詩の音読をした。指名なし音読の時に、「今、教室に二十五人います。三十行の詩なので、五人は二回読むことになりますね」と言って始めた。つまり、「全員必ず一回ずつ読む」ということを、暗に示したのである。結果、その生徒も途中で立って一行読んだ。もし読まずに寝ていたとしても、おそらく、「じゃ、誰か代わりに読んであげて」ぐらいの対応で、どんどん進めていただろう。

その後、「この詩の中で、作者が一番言いたいことは何行目ですか？」と発問し、ノートに書かせて持ってこさせた。一行を選ぶだけである。きわめて簡単な活動だ。その生徒も、ノートに書いて持ってきた。丸を付けて、「よし！　じゃ、理由を書いて」と返す。そして、「3人以上の人と意見交換をしなさい。全員起立」と指示して活動させた。その生徒も、友だちの所に行って意見交換をしていた。

授業後、その生徒に、「前回より長い時間、起きてたね！　エラかった！」と言うと、笑顔で頷いていた。

授業中に寝ることは、良くない。それは間違いないが、「寝ていること」そのものが指導の対象ではない。問題は、生徒にとって、授業の内容が睡魔に負けていることである。はっきり言えば、

授業がつまらないから寝る（起きない）

のである。

では、どうすれば良いのか。長谷川博之氏は「教科書を出させる前にやる気を出させろ」（文責村上）と言う。生徒を変えようとするのではなく、教師の授業を変えることが先決である。

原則④全員に意見を持たせる工夫をする！

「立ち往生」場面

Q4 発表や討論に全く参加しない生徒がいる…

じゃあ、どうする？「立ち往生」しない授業の原則④

✓ 全員に意見を持たせることで「お客さん」にしない！

指名なし発表をすると、特定の生徒だけが発表して、全く発表しない生徒がいる。

さらに、討論の後にまとめ作文を書かせても、全く書けない。

その責任は、当然、教師にある。そのような生徒は、たいていの場合、

> そもそも自分の意見をノートに書いていないことが多い。

教師は生徒全員を見ているから、「だいたいの子が意見を書けている」と思う。そして、「今書けていなくても、みんなの意見を聞いているうちに、ある程度書けるようになるはずだ」と思う。私もそう思うことが多かった。

だが、多くの場合、その期待は裏切られる。

指名なし発表が続き、友達の発表を聞いているように見えるのだが、自分で発表しようとはしない。考える時間があっても書けないのだから、当然だ。子どもは、書いていない意見をその場で発表できないのが普通である。

全員に発表させたければ、全員がノートに意見を書いていることが大前提である。

教室全体を見て判断すると、それを見失ってしまう。「だいたいの生徒」が書けた時に、まだ書けていない生徒は、普通以上の手立てが必要な生徒なのだ。

たとえば、向山洋一氏は「一つ書けたら持ってらっしゃい」と言った後、持ってきた子どもの意見を次々とチェックし、途切れたところで、「まだ来てない人、いらっしゃい」と、優しく呼んでいる。そうして、意見を書けない子どもに「何か思ったことない？」と優しく問いかけ、「そういうことでいいんだよ」と言って意見を書かせている。（向山洋一映像全集『春』の授業映像）

私の場合、机間巡視をしながら、意見が書けていない生徒に「何か思ったことはない？」と尋ね、何か言葉が返ってくれば、「そうそう、そういうことでいいんだよ。それをそのまま書けばいいんだ」と安心させて書かせる。

それでも何も思いつかない生徒には、「たとえば、〇〇という意見もあるけど、どう思う？」と、こちらから意見を例示する。その反応を見て、「同じように思う？ それじゃ、そうやって書こう」と言って、書き方をゆっくり教え、生徒が書くのを見守る。2行ほど書けたら、「後は自分で書けそう？」と確認して、後は任せる。

そのように、書けない子どもへの個別指導を最後までやった上で、「全員発表」に移るのである。

意見が書けていない生徒がいる状態で「全員発表」を続けていると、発表できない生徒は「お客さん」の意識が強くなる。意見を持てない、ノートにも書いていない、発表もできない。そういう状態が毎時間続けば、当然、授業に対する意欲は落ちていく。

まずは、全員に意見を書かせること。それが発表や討論に全員を参加させる大前提である。

原則⑤全員発表はあくまで「結果」と心得る！

「立ち往生」場面

Q5 ノートに意見が書いてあるのに発表しない…

じゃあ、どうする？「立ち往生」しない授業の原則⑤

✓「全員発表」はあくまで「結果」と心得る！

簡単な発問をして、ノートに意見を書かせる。書けない生徒には、板書で例示して参考にさせる。隣近所で相談させる。さらに机間巡視をして、個別指導でアドバイスをして書かせる。そうして、「全員に」意見を書かせる。ここまでは、なんとかできた。そして、いざ「全員発表」という時に、発表しない生徒がいる。

最初は、意欲的な生徒が指名なしで発表する。それが途切れたら、「全員発表するんですよ。自信のない人は早めの方がいいですよ」と、ちょっと圧をかける。それで、また数名が発表する。それでも立たない生徒がいる。「まだの人、手を挙げて」と言って確認する。「全員だよ。がんばって！」と励ますが、なかなか発表しない。無言の時間が流れる。

最終手段は、「まだの人、起立。発表したら座ります」だ。ノロノロと立ち、立っている生徒同士で顔を見合わせて、ようやく一名、二名が発表する。まだ全員ではない。残った数名は、誰かが発表するのを待っている。

「ノートに書いてあることを言うだけだよ。誰でもできることです」と促すが、それでも口を開かない。こうなると、もはや意地の張り合いになってくる。教師は「全員発表」と最初に言った以上、それを引っ込めるわけにはいかない。生徒は生徒で、なぜか発表しようとしない。膠着状態が続き、とうとうチャイムが鳴る……。

私にも、こうして立ち往生した経験が何度もある。その原因は、教師が「全員発表」にこだわっているからだ。

生徒が抱える事情はさまざまだ。場面緘黙などの特殊な事情は教師にも分かりやすいが、そうでなくても、発表を拒否する生徒はいる。「ノートに書いてあることを読むだけ」という、きわめて簡単なことができない（やろうとしない）生徒がいる。

それを、「ごく自然なことだ」と思えることが大事である。

そう考えれば、そのような生徒が発表できるようにするための工夫を、教師が考えるようになる。

たとえば、「先生が代わりに発表してもいい？」と聞いて、代わりにノートを読んでやる。あるいは、「まだの人は、お隣さんに発表したら座りなさい」とか、それが無理なら「自分に向かって発表したら座りなさい」でも良い。とにかく、形を変えてでも「発表した」という終わり方ができれば、「全員発表できたね！すごい！」と褒めることができる。

「全員発表」は、あくまで結果として達成できれば良い。チャレンジした結果、全員は無理だったとしても、発表した生徒を褒めて、励ますことの方が大事である。「全員発表と言った以上、発表しない生徒を認めてしまうと、しめしがつかない」と教師が気負うと、教師も生徒もお互いに苦しくなる。「全員発表できなくても大丈夫。もしできたらめちゃくちゃすごい」くらいの気持ちで、余裕を持って授業に臨むと良い。

「全員発表」は、あくまで結果である。

それを目的化してしまうと、無理が生じて立ち往生してしまうのである。

原則⑥「誤答こそ大事」と趣意説明する！

「立ち往生」場面

Q6 明らかな誤答を答えた生徒にどう対応すれば良いのか分からない…

じゃあ、どうする？「立ち往生」しない授業の原則⑥

「誤答こそ大事」という趣意説明のチャンス！

何げなく指名した生徒が、思わぬ答えを言うことがある。それも、明らかな誤答である。

「え？」という空気が流れ、間が空く。ひそかに失笑する生徒もいる。教師は、どう返して良いか分からず、「えーっと、……まあ、そういう答えもアリかもしれないね」などと言葉を濁す。結局、その答えが良いのかどうなのか、曖昧なまま、授業は淀んでいく。

また別のクラスでも、明らかな誤答を答える生徒がいる。今度は、曖昧な言葉はやめようと思い、キッパリと「違います」と断言する。すると、答えた生徒が「えー？」と言って、不満そうな顔をする。せっかく発表したのに、「違う」と言われ、「もう発表しないでおこう」と決めてしまう。

教師が予想しない答え、それも、明らかな誤答を生徒が答えた時に、どう対応すれば良いのか分からないという悩みは、意外と多い。

私の場合、そういう答えに対しては、

「なるほど！　良い答えだ！」と、とびきり褒める。

なぜなら、それは他の生徒が検討するための良い材料になるからである。つまり、明らかな誤答に対して、教師が判定するのではなく、他の生徒に投げかけて、考えさせるのである。「今の意見に対して、何か言える人？」と聞き、「それは違うと思います」と、理由を挙げて説明できる生徒がいれば、それもまた大いに褒める。そして、次のように趣意説明をする。

間違いを気にせず意見を言うこと。そして、間違いを見つけて互いに検討しあい、正しい答えに自分たちの力でたどり着くこと。それが、自分たちで学ぶ力になっていきます。だから、間違った答えというのは、ものすごく価値があるのです。みんなが考えるチャンスになるからです。先生が言った「正解」を覚えるだけの授業なんて、つまらないでしょ？　みんなでどんどん間違えて、それをみんなで考えて、正解を導き出す。そんな授業にしていきましょう。

思春期は、周りの目を気にして間違いを恐れる年齢である。だからこそ、このような趣意説明が非常に重要である。そして、まずは教師自身が間違いを恐れず、間違いを指摘された時には「ありがとう！　おかげで正しい答えに近づいたよ」と思えるようなマインドを身につけることが大切だ。

原則⑦「反論しないのは無視と同じ」と教える！

「立ち往生」場面

Q7 意見の発表はできるけど、反論ができない…

じゃあ、どうする？「立ち往生」しない授業の原則⑦

意見の違う相手に反論しないのは「無視」と同じだと教える！

指名なし発表に慣れてくると、異なる意見でも臆せず発表できるようになる。

そこで、次の段階として、「反論」をさせようと試みる。AかBか、というシンプルな発問で意見が分裂した時に、「相手の意見に対して反論を書きなさい」と指示を出すのである。

もちろん、「型」を示して書かせる。「Aという意見に反論する。Aの意見で、～～という意見があったが、それはおかしい。なぜなら、○ページ○行目に～～と書いてあるからだ。これは……」というように、相手の意見に対して、根拠を挙げて反論するのである。

ここで、授業が立ち往生する場合がある。

中学生という年齢は、否定されることを非常に恐れる。それは、自分にとってももちろんだが、相手に対しても同じ心理が働く。つまり、「相手を否定したくない」という考えが強くなるのである。だから、自分とは異なる考えの相手に対しても、強く反論することに抵抗を感じるのである。

「自分と意見が違うということは、相手に対して反論があるはずです。どんなことでもいいから、反論してみなさい」と促しても、「それで大丈夫です」などと言って、反論しようとしない。

その結果、反論がほとんど出ず、「それでいいんじゃない？」という雰囲気になって討論が盛り上がらない。

せっかく反論が出ても、それに対する再反論も続かず、討論が立ち往生してしまうのである。

これは、「反論」というものに対する考え方をきちんと教えていないことが原因である。

「反論」と「否定」は違う。

「否定」というのは、相手の論をすべて認めないという態度で、「否定」は討論に発展しない。相手の論を封殺するのだから、絡みようがない。「否定」は相手の意見を全く聞いていなくても、できるのである。

これに対し、「反論」は、相手の意見をちゃんと聞かなければできない。ちゃんと聞いた上で、論の矛盾や不足を指摘するのが「反論」である。つまり、

> 「反論」というのは、相手の意見を尊重する行為

なのである。

だから私は、「自分とは意見の違う相手に対して反論しないというのは、相手を『無視』するのと同じです。きちんと反論しないというのは、相手に失礼なのです」と趣意説明をする。

その上で相手が発表している時に内容をメモする技術を教える。話した内容をすべて書き残すのではなく、「自分の心に引っかかった意見をキーワードでメモしなさい」と教える。「それはおかしいぞ」とか、「変だぞ」と感じたことをメモするのである。そして、あとでそのメモを基に、相手の意見を理解した上で反論を考えるのである。

原則⑧文章を根拠に解釈する習慣を作る！

「立ち往生」場面

Q8 討論が水掛け論になったり、単発の意見で終わったりしてしまう…

じゃあ、どうする？「立ち往生」しない授業の原則⑧

✓ 文章を根拠に挙げて解釈を加えることを習慣づける！

意見が分かれる発問をすれば、自然に討論が生まれることがある。誰かの意見に対して、「え、それは違うんじゃない？」と、つい言いたくなるのだ。それをとらえて、「思わず意見を言いたくなるよね。反論したい人は自由にどうぞ」と促せば、発言しやすい生徒は自由に討論を始める。

だが、討論が進むにつれて、本筋からずれていくこともよくある。

先日の授業では、一年生の「あしたこそ」という詩の「季節はいつか」という発問で討論になった。

「春」が多数、「夏」と「秋」が数名、というように意見が分かれ、夏派と秋派から意見を聞いた。その時に、「夏の登校中にたんぽぽが咲いているのを見た。だからたんぽぽが咲くのは夏だ」という意見が出た。それに対して、「どこの道ですか？」という質問が出た。生徒がその質問に答え、さらに「その道はどこから入るのですか？」というやりとりがしばらく続いた。「そこからは入れないと思いますが、どうですか？」「いいえ、入れます」などと、「道路」についての話になっていった。

話の論点がずれ始めたのである。私は、特定の数名が「道路」についての水掛け論を続けるのをしばらく見ていた。すると、ある生徒が、「その話は関係ないんじゃないですか？」と発言した。私は、すかさず「今の○○君の発言は、すごく大事です。話がずれてきたなと思った時に、自分たちで交通整理ができるようになれば、話し合いの力が高まるのです」と褒めた。

この時は、たまたま生徒の中からそういう発言が出てきたが、生徒の中から出ない場合は、「ここで一旦、話を整理できる人はいますか？」と問うこともある。発言していない生徒の中にも、論点がずれていることに気づいている生徒はいる。そういう生徒に、「その話は関係ないと思います」と発言するチャンスを与えれば良いのである。教師が交通整理をするのは簡単だ。「その話は今関係ないですね。話を戻しましょう」と言えば済む。時にはそれも必要だが、できれば生徒自身の力で解決できるようにしてやることが大切だ。

それでも、どうしても、相手の言葉尻をとらえた水掛け論になってしまうことがある。その原因は、

文章ではなく、相手の発言を根拠にしている

ことが多い。先の例で言えば、「自分の登校中」という言葉をとらえて、そこから意見の応酬が始まっている。根拠となる言葉が文章にないから、空中戦になってしまうのだ。

そういう場合は「文章のどこに書いてありますか」と聞いて、根拠を文章に求めさせれば良い。つまり、「このたんぽぽが咲いているのは道路なのか、否か」は、文章のどこから判断できるのかを考えさせれば良い。もちろん、この場合、根拠はない。だから、「書いてないから分からない」。従って、それについて話し合いをしても意味がない、ということに気づかせるのである。

国語の授業は、常に「どこに書いてありますか」という意識を持たせることが大切である。

だが、文章の言葉を根拠に挙げていても、討論がうまく成立しない場合がある。

「私は○○だと思います。教科書の○ページ○行目に、『……』と書いてあるからです」という意見が出た時に、それに対して、誰も何も言わないのである。「反論や質問はないですか？」と促しても意見が出ずに、討論が立ち往生する。この原因は、

根拠を示しただけで、自分の解釈を述べていないから

である。

教科書の文章は、あくまで「証拠」である。その「証拠」がどういう意味を持っているのかを、自分の言葉で説明することで、初めて意見として成り立つのである。そのためには、意見を書かせる時に、

根拠 ＋解釈

という型を教えることが大切である。

つまり、「私は○○だと考える（＝意見）。理由は、教科書○ページ○行目に『……』と書いてある（＝根拠）。これは、……ということだ（＝解釈）。」という型である。この意見の述べ方については、椿原正和氏から学んだ。

このように、自分の解釈を加えることで、その解釈に対する反論が可能になるのである。証拠そのものに対する反論はできない。反論は解釈に対して生まれるのである。

「立ち往生」場面

Q9 生徒の意見をうまくまとめられない…

じゃあ、どうする？「立ち往生」しない授業の原則⑨

✓ 生徒の意見を教師がうまくまとめる必要はないと心得る！

教師が発問し、数名の生徒がさっと手を挙げる。指名された生徒が答え、教師はその意見を板書する。そして、黒板に意見がずらっと並んだところで、はたと「立ち往生」する。

生徒の意見をどうやってまとめれば良いのか分からない。

これが、多くの国語教師が直面する悩みである。

教師は、出された意見をなんとかうまくまとめようと、まず、似ている意見を探す。「この意見は、こっちの意見と同じですね」と生徒に確認する。だが、生徒は「いや、ちょっと違います」などと言う。「どこが違うの？」と聞くと、それに対する説明が返ってくる。そこで、今度はそれを色チョークで黒板に書き込む。そうしているうちに、黒板は細かい書き込みでゴチャゴチャしてくる。

これではまとめられないと思い、今度は意見の分布を確かめてみることにする。「○○さんの意見と同じ意見の人？」と聞くと、数名が手を挙げる。その人数を書き込んでいく。だが、人数を合計しても、数が合わない。「手を挙げていない人？」と聞くと、何人かの生徒が「どの意見とも違う」などと言う。「じゃあ、どんな意見？」と聞くと、その生徒が他の意見に対する反論を述べる。そこで、矢印でつないだりしながら、反論を別の色チョークで書き込んでいく。

もう、黒板はいっぱいである。どこに書こうか迷っていると、チャイムが鳴る。このままでは中途半端で、授業を終われない。黒板は、次の時間には消えてしまう。仕方ないので、「ごめん、キリのいいところまでやるよ」と言って、休み時間に食い込んで授業を続ける。それでも意見はまとめられず、休み時間を奪われた生徒たちがだんだん不満そうな顔になってくる……。

このような経験は、多かれ少なかれ、誰にでもあると思われる。無論、私にもある。

なぜこうなってしまうのか。それは、次のことが原因だ。

「生徒の意見をまとめなければいけない」という思い込み

「授業中に生徒から出た意見は、上手にまとめなければいけない」という思い込みは、意外に強い。

結論から言えば、

生徒の意見をまとめる必要はない。

「それでは、意見の言いっぱなしで授業がまとまらないのではないか」と思うかもしれない。

言いっぱなしで良いのである。なぜなら、「討論」と「会議」は違うからだ。「討論」というのは、「議論をたたかわせること」（広辞苑）である。「会議」は「何かを決めるために話し合うこと」（広辞苑）である。つまり、討論の授業は、学級会の議論のように、最終的に何かを決めることが目的ではない。だから言いっぱなしで良いのである。

では、討論の授業の目的は何か。私は、

> 文章を読み、自分の頭で考え、意見を書き、発表する。友達の意見を聞き、さらにそれに質問や反論をすることで、国語の力を付けるため。

と、生徒には趣意説明をしている。

授業としては結論が出ず、まとまらなくても、それに向かって討論をする中で、それぞれの生徒に国語の力が付けば良いのである。「言いっぱなしで良い」というのは、そういう意味である。

したがって、討論の後は、できるだけ「各自でまとめる」という活動が必要になる。

> 今日の討論で出た意見や、それに対して考えたこと、思ったことをノートにまとめて書きなさい。

という指示で、授業の終わりに五分程度の時間を取る。その時間に書き終わらない場合は、もちろん家に帰って続きを書いてきても良い。各自で討論の内容を思い出して言語化し、まとめるという作業を通して、生徒は国語の力を付けていく。大事なのは、教師がまとめるのことはなく、生徒が自分でまとめることなのだ。

原則⑩授業とテストの違いを趣意説明する！

「立ち往生」場面

Q10「先生、結局正解は何ですか？」と聞かれて答えに窮する…

じゃあ、どうする？「立ち往生」しない授業の原則⑩

✓授業とテストは目的が違うことを趣意説明する！

意見が分かれる発問を思いついて、授業にかける。

クラスの意見がA派とB派に見事に分裂し、発表や討論もそれなりに成立した。なかなか満足のいく授業だったと思っていたら、生徒から質問が出る。

「先生、それで、結局正解はどっちなんですか？」

「正解はないよ」と答えると、「じゃあ、テストで出たら何と書けばいいんですか？」とさらに質問を重ねてくる。教師を困らせようとしているわけではない。純粋に、疑問を持っているのだ。

「テストに、こういう問題は出ないよ」と説明するが、「それなら、どうして授業でやるんですか？テストに出ないことを授業でやる意味があるんですか？」と食い下がってくる。真面目な生徒ほど、そういう疑問を持ち、教師にぶつけてくる傾向がある。

誰もが、普段から「授業を大切に」と言っているはずだ。それなのに、「テストで出ないこと」を授業でやっているというのは、たしかに変だ。質問に答えているうちに、自分でもそう思ってしまう。なんとかその場はやり過ごすが、そんなことが何度か重なるうちに、生徒からは質問が出なくなる。その代わりに、授業中に意見を書いたり、発表したりすることもなくなってくる。要するに、「授業には期待しない」という姿勢に切り替えるのだ……。

他教科と比べると、国語科は「明確な答えがない」ということが珍しくない。だが、そのことを不安に感じる生徒がいるのも事実である。

そのような生徒にとって必要なのは、

国語の授業の目的を明確に説明すること

である。

先述した生徒の例で言えば、生徒は「テストで出る内容を学習すること」が授業の目的だと思っている。それに対して、教師は明確な説明をすることができなかった。それは、

国語科は技能教科である

という認識が明確でないことが原因である。

国語科は、言葉を使いこなして、話す、聞く、書く、読むといった言語運用能力を向上させるのが目的の技能教科である。

国語という教科は、授業を全く受けていない生徒（不登校等）でも、それなりに点数を取れる事例が普通にあ

る。逆に、テスト直前に付け焼き刃で勉強しても、通常は点数が上がらない。これらのことからも、社会や理科のような内容教科とは違うということが明確である。

国語科において、教材は「学習の手段」である。その証拠に、教科書会社によって、教材の内容は全く違う。これは、他の教科には見られない特徴だ。逆に言えば、教材の内容ではなく、その教材を手段として、言葉を使いこなす技能を育成することが、国語科には求められているということである。

私が、先の例のように「正解はどっちですか？」と聞かれたら、「君が、より納得できる方が正解だ」と言う。

「そもそも絶対的な正解はないのだから、どれでも良い。ただし、自分の頭で考えて、納得できるかどうかが大事だ。だから、より正確な情報を読み取って、筋道を立てて考え、最適な答えを導き出す頭の働きを鍛えるために、国語の授業があるのだ」

そのように、授業の意味を語る。

「だから、授業の『内容』を覚えて正確に再現することが大事なのではなく、授業の中で話す、聞く、読む、書くといった活動を一生懸命やって、言葉を使いこなす力を鍛えることが大事なんだ」と伝える。

そして、テストでは、その力がちゃんと身についているかどうかを測るために、「正解」が確定できる問題を使うのである。答えが確定できない問題では、客観的な学力を測定することが難しいからだ。

授業で身につけるべき力と、テストで問われている力は同じ。ただし、授業はその力を伸ばすために「正解のない問い」を扱い、テストはその力を測るために「正解のある問い」を使う。

という趣意説明を、きちんとできることが重要なのだ。

第2章の活用について

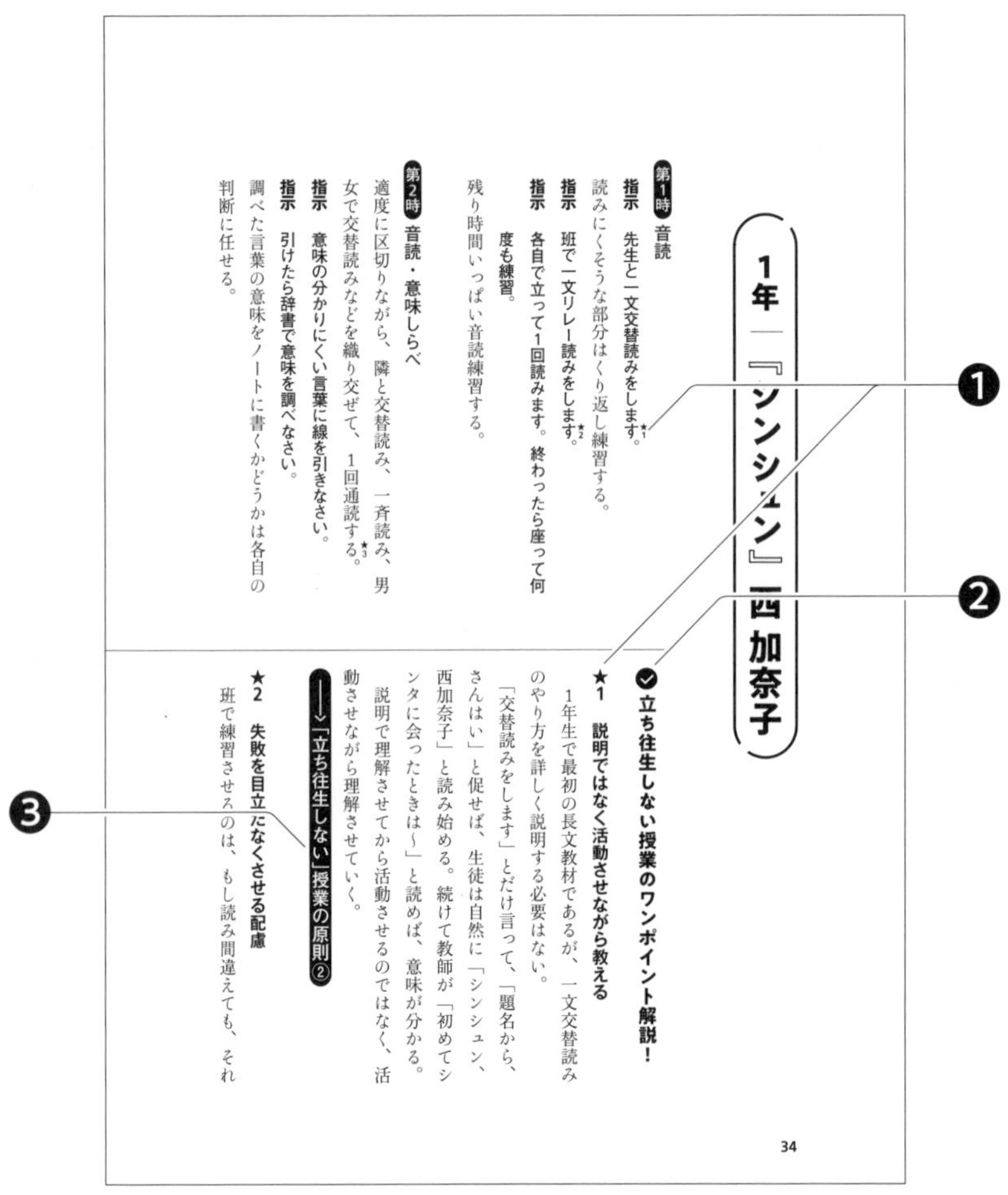

1年 『シンシュン』 西 加奈子

第1時 音読

指示 先生と一文交替読みをします。★1

読みにくそうな部分はくり返し練習する。

指示 班で一文リレー読みをします。★2

指示 各自で立って1回読みます。終わったら座って何度も練習。

残り時間いっぱい音読練習する。

第2時 音読・意味しらべ

適度に区切りながら、隣と交替読み、一斉読み、男女で交替読みなどを織り交ぜて、1回通読する。★3

指示 意味の分かりにくい言葉に線を引きなさい。

指示 引けたら辞書で意味を調べなさい。

調べた言葉の意味をノートに書くかどうかは各自の判断に任せる。

立ち往生しない授業のワンポイント解説！

★1 **説明ではなく活動させながら教える**

1年生で最初の長文教材であるが、一文交替読みのやり方を詳しく説明する必要はない。

「交替読みをします」とだけ言って、「題名から、さんはい」と促せば、生徒は自然に「シンシュン、西加奈子」と読み始める。続けて教師が「初めてシンタに会ったときは～」と読めば、意味が分かる。

説明で理解させてから活動させるのではなく、活動させながら理解させていく。

→「立ち往生しない」授業の原則②

★2 **失敗を目立たなくさせる配慮**

班で練習させるのは、もし読み間違えても、それ

34

❶【上段】

発問・指示を中心とした授業案です。基本的にそのまま追試できる形になっています。

解説が第1章の「立ち往生しない」授業の原則に関連する場合、その番号を示してあります。併せて読むと、立ち往生しない授業の原則をより意識するようになります。

❷【下段】

上段の発問・指示について、その意味や留意点などを詳しく解説しています。

❸上段の★の番号に対応する詳しい解説が、下段の★に書かれています。必要に応じて読むことで、授業行為のねらいを詳しくつかめます。

2章

教科書教材の授業実践と教師のねらい解説

教科書の定番教材を中心に、「立ち往生」しない授業の実例を紹介する。

上段は、教材の指導案である。発問・指示など、実際に授業を進めるための指導言や、生徒の反応などを紹介する。

下段は、上段の発問・指示についての詳細な解説や、授業案には表れない微細なポイントの説明を載せている。上段の「副音声」のように読んでいただければ幸いである。なお、第1章の原則に関連する部分には、→ で原則の番号を示したので、参考にしていただきたい。

教科書の定番教材を中心に、「立ち往生」しない授業の実例を紹介する。

1年──『シンシュン』西 加奈子

第1時 **音読**

指示 **先生と一文交替読みをします。**★1

読みにくそうな部分はくり返し練習する。

指示 **班で一文リレー読みをします。**★2

指示 **各自で立って1回読みます。終わったら座って何度も練習。**

残り時間いっぱい音読練習する。

第2時 **音読・意味しらべ**

適度に区切りながら、隣と交替読み、一斉読み、男女で交替読みなどを織り交ぜて、1回通読する。★3

指示 **意味の分かりにくい言葉に線を引きなさい。**

指示 **引けたら辞書で意味を調べなさい。**

調べた言葉の意味をノートに書くかどうかは各自の判断に任せる。

立ち往生しない授業のワンポイント解説！

★1 説明ではなく活動させながら教える

1年生で最初の長文教材であるが、一文交替読みのやり方を詳しく説明する必要はない。

「交替読みをします」とだけ言って、「題名から、さんはい」と促せば、生徒は自然に「シンシュン、西加奈子」と読み始める。続けて教師が「初めてシ・ンタに会ったときは～」と読めば、意味が分かる。

説明で理解させてから活動させるのではなく、活動させながら理解させていく。

→「立ち往生しない」授業の原則②

★2 失敗を目立たなくさせる配慮

班で練習させるのは、もし読み間違えても、それ

指示　22ページで分からない言葉があった人？
挙手で確認し、あれば発表させる。
指示　手を挙げなかった人は説明して下さい。★4
数名当てて説明させる。
1ページずつ区切りながら、最後まで確認していく。

第3時　**音読・意味しらべ**

発問　シンタとシュンタは似ているのですか？　似ていないのですか？★5
指示　隣近所で意見交換しなさい。★6
まず口頭で説明させる。説明することで考えが整理できてくる。
指示　今説明した意見をノートに書きなさい。
フォーマットを板書して示す。

> シンタとシュンタは（似ている／似ていない）と考える。
> なぜなら、○ページ○行目に「……」と書いてある。
> これは、……ということだ。

ほど恥ずかしくないようにという配慮である。交替読みで練習した後に全体の場で間違えると、その生徒にとっては失敗体験になってしまう。班で練習させるときには、「みんなで読み方を確認しながら、間違えていたら教えてあげなさい」と伝える。

★3　変化のあるくり返しで飽きさせない

長文教材を音読する場合、同じやり方で続けて読むと、ダラダラしてくる。そこで、変化をつけながら読む。この教材の場合、3つの場面で構成されているので、場面ごとに区切るのが良いだろう。

★4　「お客さん」を作らない

生徒を「お客さん」にしないための指示である。「手を挙げなければ当たらない」という状況が続くと、受け身の授業姿勢になってしまう。

この場合、「分からない言葉があった人？」と聞いているのだから、挙手がなければ「すべての言葉が分かっている」ということになる。だから、「説明しなさい」という指示が成り立つのである。

──→「立ち往生しない」授業の原則④

このことから、シンタとシュンタは（似ている／似ていない）と言える。★7

指示　書けたら持ってきなさい。

ノートチェックをして○をつける。「さらに理由があれば付け足しなさい」と指示する。


シンタとシュンタは似ていると考える。

なぜなら、22ページに「身長も同じくらい、くせ毛の生え方も似ているし、二重の目のはばも、鼻筋の長さも。」と書いてある。

これは、見た目がそっくりだということだ。

このことから、シンタとシュンタは似ていると言える。★8

シンタとシュンタは似ていないと考える。

なぜなら、27ページに「そっくりだけど、全然違う人間なのだった。」と書いてある。

これは、外見は似ているけど、中身は違うということ

★5　全員参加できる挙手をこまめに入れる

二択の発問は、必ずどちらかに手を挙げさせる。

「どちらにも手を挙げないというのは、授業に参加していないということです」と趣意説明をして、参加させる。

★6　いきなり意見を書けない生徒への配慮

意見を書けない生徒には、ノートに書かせる前に、口頭で意見交換をさせるのが有効である。

頭にボンヤリと浮かんでいる言葉を口に出して説明することで、頭の中が整理される。また、全く考えの浮かばない生徒にとっては、友達の意見を聞くことで参考にできる。その上で、ノートに書かせることで、書くことへの負担感を軽減することができる。

★7　ノートチェックは時間差を埋めて空白を作らない

「なぜなら〜」から「〜ということだ。」までが、理由＋説明の部分である。この部分を、まずは一つ書かせる。

早く書いてノートを見せに来る生徒は書くことが

とだ。

このことから、シンタとシュンタは似ていないと言える。

指示　**今書いた意見を3人の相手と説明し合います。**
ただし、ノートは机に置いていきます。★9

「ノートを見ずに」説明させることで、考えが整理され、説明力が身につく。

指示　**発表できる人は指名なしでどうぞ。**

発表させ、反論があれば自由にさせる。

時間があれば、最終的な考えをノートにまとめさせる。


得意な生徒なので、さらに他の理由を考えさせる。

最初から「理由を三つ」のように書かせると、時間差が大きくなって、早い生徒には空白の時間が生まれ、遅い生徒には負担が大きくなってしまう。

★8　全員にコメントし、良い意見は全体に紹介する

生徒が書いたノートは、できるだけ集めてコメントを書いて返す。

コメントは、「根拠がしっかり書けています！」「わかりやすく説明できています！」など、内容を端的に褒める言葉を書くようにしている。

可能なら、見本になるような意見をコピーして印刷し、次の時間に配って紹介する。

★9　意見を「読む」のではなく「発表」させる

ノートを手に持っていると、ほとんどの生徒は書いた意見を「読み上げる」。それよりも、相手の顔を見て、頭の中にある考えを言葉にしながら説明する力をつけることが大切である。そのために、「ノートを見ないで」という指示を出すのが有効である。

1年 ―『ダイコンは大きな根？』稲垣 栄洋

第1時 音読

指示 「いきなり読み」をします。間違えたり詰まったりしたら、即、次の人に交替です。★1

その後、教師と生徒で交替読みを1回。班で一文交替読みで音読練習。終わったら各自練習させる。最後に音読テストをする。

一文ずつ進めながら、読みたいところで立って挑戦させる。

不合格でも何度でも挑戦できる。

第2時 問いと答え

指示 形式段落に番号を付けなさい。

発問 この文章の「問いの段落」はどれですか。指で押さえなさい。（2段落）

立ち往生しない授業のワンポイント解説！

★1 明るく、テンポよく、失敗させる

「いきなり読み」は練習なしでいきなり音読させる。

ほんのちょっとでも間違えたり、詰まったりしたら、即座に「はい、残念！」と言って、次の生徒に交替する。

ポイントは、「明るく、テンポよく」である。音読が上手な生徒でも、わずかに間違えることはよくある。それを、楽しい雰囲気で「残念！」とやることで、できない生徒の失敗が目立たなくなる。「失敗するのが当たり前」ということを、楽しい雰囲気の中で教えていく。

★2 作業指示で全員を巻き込む

発問　**「問いの文」に線を引きなさい。**[★2]

・それでは、私たちが普段食べているダイコンの白い部分はどの器官なのでしょうか。

発問　**それに対する「答えの段落」はどれですか。指で押さえなさい。（4段落）**

発問　**「答えの文」に線を引きなさい。**

・つまり、ダイコンの白い部分は、根と胚軸の二つの器官から成っているのです。

発問　**この文章には、もう一つ問いがあります。どの段落ですか。**[★3]**（5段落）**

発問　**「問いの文」に線を引きなさい。**

・なぜ、違っているのでしょう。

「何が？」と聞くと、生徒は「味」と答える。

そこで、前の文である「この二つの器官は、じつは味も違っています。」にも線を引かせる。

・胚軸は甘く、根は辛い。

発問　**胚軸と根は、どんな味なのですか。**

指示　**そのことが書いてあるところに線を引きなさい。**[★4]

・6段落「胚軸の部分は水分が多く、甘みがあるの

前の発問で「問いの段落」を確認しているので、多くの生徒は問いの一文を認識しているはずだ。そこに、改めて「線を引く」という作業指示を与えることで、全員が活動に参加できるようになる。

発問と指示はセットである。「どれですか」と問うだけでは、できる生徒が口頭で答えて終わりになってしまう。全員を活動に巻き込むために、作業指示を出すと良い。

★3　教科書の文章の不備を補う配慮

この教材は、「この二つの器官は、じつは味も違っています。」と「なぜ、違っているのでしょう。」が一続きになっているが、ここが飛躍している。

本来なら、「味がどのように違っているのか」を押さえた上で、「なぜ違っているのか」と問わなければいけない。

その部分をスッキリ指導するために、まず「問いの文」を確認し、その一文だけでは足りない部分を補わせる流れにしている。

が特徴です。」

・7段落「いっぽう、根の部分は辛いのが特徴です。」

発問　なぜ胚軸は甘いのか、なぜ根は辛いのか、書いてあるところに線を引きなさい。★4

・6段落「胚軸は、地下の根で吸収した水分を地上の葉などに送り、葉で作られた糖分などの栄養分を根に送る役割をしているからです。」

・8段落「そこで、虫の害から身を守るため、辛み成分をたくわえているのです。」

8段落は何か所かに「辛み成分」という言葉が出てくるので、他の部分でも可とする。★5

第3時　問いと答えまとめ

前回、線を引いた部分をノートにまとめる。

発問　最初の「問い」は何でしたか。

・それでは、私たちが普段食べているダイコンの白い部分はどの器官なのでしょうか。

指示　このままでは長いので、短くすっきりさせましょ

教科書の文章が分かりにくい時には、それを補助する指示や発問を与えることで、授業がスムーズに流れるようになる。

★4　出した指示ができているどうかを確認する

指示を出した後に、生徒が教科書に書き込めているかどうかを確認する。答えが間違っていても構わないが、指示がちゃんと通っているかどうかを見ることが大切である。指示が分かっていない生徒がいるようなら、「お隣さん同士で確認しなさい」と補助指示を出すことも必要である。

このような小さな指示が、きちんと通っているかどうかを常に確認しながら進めることが大切だ。

★5　「一文」にこだわらない

中学校の説明文の文章は、「問いと答え」がきれいに一文で対応していない場合も多い。したがって、「どの一文が適切か」にこだわりすぎると、授業が立ち往生する。そもそも、筆者が「問いと答えを一文で書く」ということを意識して書いているかどうかは分からない。

う。

やりとりをしながら、短くまとめた文を板書する。★6

問い　大根の白い部分はどの器官なのか？

同様に、前回確認した「答え」と、二つ目の「問い」も、短くまとめながら板書していく。

指示　最後、二つ目の「答え」は自力で書いてみましょう。書けたらノートを見せに来ます。★7

ノートチェックをして丸をつける。

・胚軸は栄養分を送る役割をしているから甘い。
・根は辛み成分を蓄えているから辛い。

という内容が書けていれば合格。

上手に書けている生徒に板書させ、書けない生徒にはそれを写させる。

最後に、次の板書が完成している状態になる。

問い　大根の白い部分はどの器官なのか？

←

そこにこだわるのではなく、「答え」として必要な内容が含まれている「部分」という捉え方をした方が良いことも多い。

「問いと答え」という枠組みの中で、実際の文章に即して柔軟に指導することで、不要な立ち往生を防ぐことができる。

★6　板書の字は大きく見やすく書く

板書の文字はなるべく大きく書く。私の場合、一文字が握りこぶしより少し大きいぐらいである。

生徒がノートに書いたときにどうなるのかをイメージするために、実際に自分でノートに書いてみることも大切だ。いわゆる「板書計画」だが、ポイントはノートの字も大きめに書くことにある。微細運動障害や書字障害のある生徒は、小さな字をたくさん書くことが負担になる。

教師が板書の字を大きく書くことで、生徒に見やすくなると同時に、文字数が少なくなり、ノートに写す負担が減るのである。

★7　ノートチェックはすばやく

答え　根と胚軸の二つの器官

問い　胚軸は甘く、根は辛い。
なぜ味が違うのか？

↓

答え　胚軸は葉で作られた栄養分を根に送る役割をしているので、甘い。
根は虫の害から身を守るために辛み成分を蓄えているので、辛い。

できるだけ毎回の授業で、1回はノートを持ってこさせて丸をつける場面を作る。教師に丸をつけてもらうというのは、中学生でも喜ぶものである。

中には、どうしても持ってこない生徒もいる。そういう場合、「まだ見せていない人、起立。友達に聞いて写してもいいから、書いたら持ってきなさい」と言って詰めることもできるが、どこまで詰めるのかは、クラスの実態とその生徒との関係性による。柔軟に対応することが重要である。

1年――詩の世界／「比喩で広がる言葉の世界」 森山 卓郎

第1時　「一枚の絵」「未確認飛行物体」

指示　68ページ。詩の世界。説明を読みます。★1

谷川俊太郎の説明を音読する。

「一枚の絵」「朝」「未確認飛行物体」を1回ずつ音読。

「一枚の絵」 木坂 涼

追い読み、交替読み等で何度も音読する。

発問　最後の2行。「自筆の/サインのように」とあります。何が「自筆のサインのよう」なのですか。（水鳥）

説明　湖水の隅で動きを止めた水鳥のことを、自筆のサインに例えているのですね。このように、何かを何かに例える表現を「比喩」と言います。★2

立ち往生しない授業のワンポイント解説！

★1　余計な説明をせずに教科書に入る

詩とは何かを、プロの詩人が簡潔に表現した文章である。教師は余計なことを何も言わずに、いきなり教科書に入れば良い。特に難しい語句もない、短い文章なので、いきなり一斉音読で大丈夫だろう。

読む回数は、1回か2回で十分である。この単元の本丸は詩である。ここに時間をかける必要はない。声出し、ウォーミングアップのつもりで良い。

★2　発問で引き出してから説明する

「比喩」という概念を教える際に、説明の言葉を読ませたりノートに書かせたりして覚えさせる指導もあるが、それは概念を表す「言葉」を教えているのであって、概念そのものを教えているわけではな

指示　詩の中から、他に比喩表現を探しなさい。

発表させながら、何を例えているのかを確認していく。

・画家きどり（＝水鳥が画家のように気どっている様子）

・足を絵筆にして（＝水鳥が足を絵筆のように使って水面に絵を描いているように見える様子）

・水面に／朝の色を配りおわると（＝水面が朝の色に変わる様子）

※「朝の色」が分からない場合は、次の補助発問で気づかせる。★3

発問　「朝の色」とは何を表しているのですか。

出なければ、「朝の◯」と漢字一字で考えさせる。

・朝の光

発問　２連で「朝の光」を「配りおわる」ということは、１連はどうだったのですか。（暗い）

１連から２連にかけて、暗い湖が朝の光で明るくなっていく様子が描かれていることに気づかせる。

発問　題名の「一枚の絵」は、何を例えているのですか。

い。ここでは、最初に概念を説明するのではなく、発問で詩を読み取らせた上で説明を加えている。

比喩の概念を確認した後は、「ほかにも探しなさい」という活動で、概念の定着を図る。教えっぱなしでは定着しないので、教えたことを活用する場面を作ることで、学習内容が確実に身に付く。

★3　補助発問を用意しておく

「朝の色」が比喩であるということが分からないことが予想される。これも説明してしまうよりも、できるだけ発問で答えを引き出して理解させたい。

こちらがねらっている答えが出ないことが予想される場合には、補助発問を用意しておいて、必要に応じて使うという技術も重要である。

★4　教材を扱う順番を変えるのも力量の一つ

「未確認飛行物体」は具体的な事物が描かれていて物語風になっているので、子供にも理解しやすい。

「朝」は、非常に短いため、読み取れる情報が少なく、主題も抽象的で、生徒には理解が難しい。

そこで、難易度を考慮して、教科書の順番を変え

・湖で、一羽の水鳥が自由に飛び回っている様子を、画家が絵筆で絵を描く様子に例えている。

「未確認飛行物体」入沢　康夫★4

追い読み、交替読み等で何度も音読する。

発問　**題名の未確認飛行物体とは何のことですか。**

この詩の中では「薬缶」である。

発問　**薬缶は白い花のことをどう思っているのですか。**

（大好き）

発問　**それはどこから分かりますか。**★5

・「大好きなその白い花に」
・「水をみんなやって」
・「息せき切って、飛んで、飛んで、」
・「一生けんめいに飛んで行く。」

発問　**では、白い花は薬缶のことをどう思っているのですか。**

これは、詩の中からは「分からない」。自由に想像して意見を出させる。★6

て扱う。授業のねらいに応じて、教材の順番を変えるという配慮も必要である。

★5　常に根拠を意識させる

国語の学習では、本文に根拠を求めるという基本姿勢を身につけさせる必要がある。答えそのものだけではなく、なぜ「そう言えるのか」という根拠を常に意識させていきたい。「答えを間違えることは全く問題ありません。根拠がないことの方が問題です」と、常に趣意説明をする。

――→「立ち往生しない」授業の原則⑧

★6　「分からない理由」を理解させる

「詩の中に書いてありますか？」と問い、「書いていないですね。ということは、答えは『分からない』ということです」と教え、「書いてないから分からない」ということを押さえるのも重要である。

・書いてある言葉を根拠に、答えが確定できる
・書いてある言葉を材料にして推測できる
・書いてないから自由に考えて良い

発問　薬缶と白い花は何の比喩だと考えられますか。
・人間関係
発問　どんな人とどんな人の関係ですか。
自由に考えさせる。
発問　話者は2人の関係をどのように思っているのでしょうか。
「悲しい関係」「ほほえましい関係」等自由に考えさせる。

第2時　「朝」・比喩で広がる言葉の世界

「朝」吉田 加南子

何度か音読する
発問　何が何にふれているのですか。★7
・「空の遠さ」が「屋根」に
発問　「ふれている」を別の言葉で言い換えなさい。
・さわっている
・隣り合っている

これらの違いを教師が意識していなければ、生徒も混乱し、授業が立ち往生する。

★7　誰にでも答えられる発問から入る
これは文に書いてあるから簡単である。授業は、誰でも答えられる、きわめて簡単な発問から入るのが良い。誰でも答えられるから、学力の厳しい生徒でも参加できる。

易から難への原則を意識することで、全員を巻き込んで授業を始めることができるのである。

★8　イメージを絵で描かせるとはっきりする
「絵で表す」という活動が有効な教材である。動きや位置関係など、視覚的なイメージを問う場合は、簡単な絵を描かせるとイメージがはっきりする。

描かせたらノートチェックをして、できるだけ種類の異なる絵を選んで黒板に書かせ、説明させる。解釈が食い違うものがあれば、どちらが良いか検討させる（ただし、これは後の発問につなげるための伏線のパーツなので、あまり時間をかけて検討する必要はない）。

発問　「空の遠さが屋根にふれている」という状態を絵や図で表しなさい。★8

発問　「――まじわることなく」とあります。「まじわっている」という状態を絵や図で表しなさい。

発問　どう違うのですか。説明しなさい。★9

隣同士、班の中で、全体で…等、意見を共有する。

・「ふれている」は重なっていない。存在は近いけど、別物。

・「まじわっている」は重なっている。同じ場所にある。

発問　「空の遠さ」と「屋根」はどういう関係なのですか。

・近く見えるけど実際は遠い

・すぐ隣にいるのにまじわれない

発問　「空の遠さ」と「屋根」は何の比喩だと考えられますか。

・すぐ隣にいるのに心が通じ合えない人間関係

比喩で広がる言葉の世界

★9　教師対一部の生徒のやりとりに陥らないようにする

発問に対して、挙手や指名だけで進めると、すぐに答えられる生徒だけを相手にした授業になり、ついてこられない生徒が置いてきぼりになってしまう。

原則として、発問と指示はセットである。発問した後に、全員に活動させるような指示がないと、授業に参加できない「お客さん」を作り出してしまう。

指示は、時間的に余裕があれば、きちんとノートに書かせるのが良い。書かせる時間がないときは、この授業でのように、「お隣さんに言いなさい」などの指示も有効である。

【図示の例】

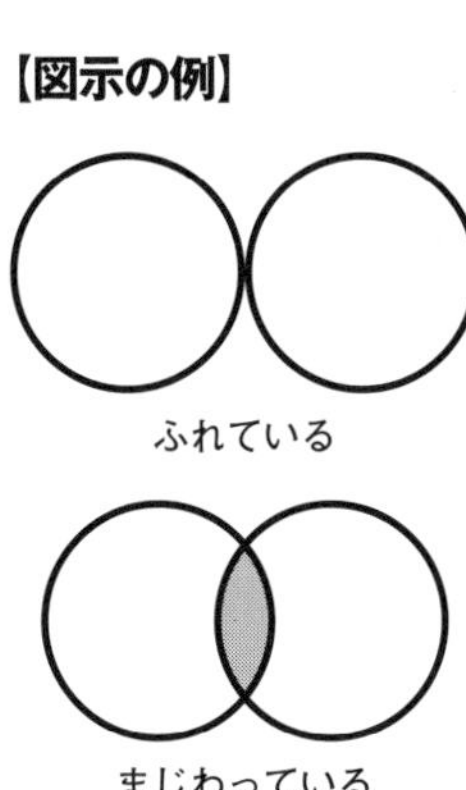

本文を音読する。

説明　**比喩を使って文を書く練習をします。**

（板書）山田先生が□□のように走っている。★10

発問　**空欄に言葉を入れて文を作りなさい。**

発表させる。以下、同様に進める。

（板書）○○が台風のように、〜〜
（板書）□□ような山田先生が、〜〜
（板書）□□ような○○が、道に落ちていた。

最後は、比喩を使って自由に文を作らせる。
書けたらノートチェックをして板書させる。（固有名詞を使ったものについては十分配慮する。）
どの作品のどういうところが良いか、ノートに書かせて終了。

→「立ち往生しない」授業の原則④

★10　実際に例文を作らせてやり方を理解させる

よくある「立ち往生授業」の典型は、やらせたい活動を一気に全部示して丁寧に説明し、たっぷりと時間をとって活動させる展開である。このようにすると、最初からやり方が分からない生徒は、分からないまま大量の作業に突入することになり、教師はその個別対応に追われることになる。

この授業では、最初に一つの文で例示し、

・指示（文を作りなさい）
・活動（ノートに書く、発表する）
・確認、評価（「合格」など）

というセットを一通り回して、学習のやり方を理解させている。その上で二つ目以降の文作りに入れば、指示の言葉が減り、活動がスムーズになる。

説明で理解させてから活動に入るのではなく、活動させながら理解させていくのである。

→「立ち往生しない」授業の原則②

1年　蓬萊の玉の枝――『竹取物語』から

第1時　冒頭音読・暗唱

Ｐ１５８の冒頭文を追い読みで練習。教師と生徒で交替読み、男女で交替読み。班でリレー読み。

二人ずつ「ピッタリ読み」をする。（隣り合った二人で声をそろえてリレー読みをしていく。）

一人ずつリレー読みをして、正確に読めているかどうか最終確認をする。

指示　**暗唱テストをします。**★1

レベルを４段階に分けて、１から順に挑戦させる。

・ＬＶ１　今は昔〜ありけり。

・ＬＶ２　今は昔〜使ひけり。

・ＬＶ３　今は昔〜いひける。

・ＬＶ４　今は昔〜うつくしうてゐたり。

発問　**発音とちがう文字遣いに○を付けなさい。**

ある程度時間をとったら終了し、Ｐ１５８の古文を

立ち往生しない授業のワンポイント解説！

★1　暗唱テストは「全員合格」からスタートする

暗唱テストをしても、生徒がなかなか挑戦しに来ないことがある。これは、最初から暗唱のハードルを上げすぎていることが原因の場合がある。

「竹取物語」の冒頭文で言えば、前半は３文あるので、これを一気に暗唱させるのは少しハードルが高い。最初のステップは、簡単な上にも簡単な、誰にでもできるものにして、全員を活動に巻き込みたい。

この授業では、前半は１文ずつに分けることで、誰でも最初の１文で「合格」がもらえるようになる。だから、２文目、３文目と挑戦するようになるのである。

ノートに視写させる。

ノートに書いた古文を1回音読する。

歴史的仮名遣いについて簡単に説明する。★2

第2時　暗唱・音読・DVD

暗唱の続きを行う。

古文と現代語訳を教師と生徒で交替読みする。終わったら順番を変えて、もう1回読む。

竹取物語のＤＶＤを鑑賞して大まかなあらすじをつかませる。★3（中学校国語ＤＶＤシリーズ古典入門第1巻竹取物語・約23分）

Ｐ159～Ｐ161まで音読する。古文は教師と生徒で交替読みし、順番を変えてもう1回。

古文の視写を宿題にして終わる。

第3時　5人の貴公子たち

視写してきたノートを見ながら音読する。

歴史的仮名遣いを確認する。

説明　Ｐ166～Ｐ167に、くらもちの皇子以外の貴

★2　歴史的仮名遣いは自然に読めるものがほとんど

テストで出題される歴史的仮名遣いは、

・語頭以外のハ行はワ行になる

・「ゐ」と「ゑ」の読み方

・「やう」→「よう」、「けふ」→「きょう」

ぐらいが分かっていれば大丈夫である。

あとは、ほとんどの言葉は自然に読めるはずだ。説明に時間をかけるのではなく、音読練習に時間をかけた方が良い。

★3　動画教材をうまく活用する

古典教材は、ビジュアルの補助がないと理解が難しい部分が大きい。教科書や資料集だけで理解させるよりも、短時間で理解させることが可能である。「NHK for School」などの良い教材を上手に利用して、授業の本筋に使う時間を確保することが大切である。

★4　活動させながら例示する

教科書に載っている4人の貴公子についてまとめる時に、ただ「ノートにまとめなさい」と言って

公子たちの失敗談が載っています。これを簡潔にまとめます。★4

指示　**石作の皇子の説明を読みます。**

一斉音読する。

指示　**「石作の皇子」を四角で囲みなさい。**

発問　**与えられた難題は何ですか。（仏の御石の鉢）**

指示　**難題を四角で囲みなさい。**

発問　**どんな行動に出たのですか。線を引きなさい。**

線を引いた所を音読する。★5

「かぐや姫には天竺に探しに行くとうそをつき、実際には大和国から鉢を持ち帰った」

発問　**結果はどうでしたか。線を引きなさい。**

「にせ物だと見破られてしまう」

他の４人も同様に、難題と行動と結果を確認する。

第4時　**架空の冒険譚**

Ｐ160～Ｐ161の古文を現代語訳する練習。

指示　**先生が古文、みんなが現代語訳を読みます。**

指示　**隣同士で交替読みをします。現代語訳を言う人**

も、どのようにまとめればいいのか分からない生徒がいる。

そこで、最初は教師が先導して、まとめ方を教えれば良い。ここではまず音読し、名前を囲み、難題を囲み、行動に線を引き、結果に線を引く、という手順で教えている。このように、明確な手順を教えて、それを自力でできるようにさせていけば良い。

手順を教える時にも、「説明」ではうまく伝わらないし、長い説明をすればするほど、リズム・テンポが崩れてしまう。あくまでも「発問・指示」で生徒を活動させ、答えを引き出しながら理解させていくのである。

――→「立ち往生しない」授業の原則②

★5　確認のために読ませる

線を引いた後、引けた生徒に読ませるだけでは、引けていない生徒が置いてきぼりになる。

「線が引けた人？」と挙手で確認し、「引いた所をみんなで読みます」と言って音読する。これで、

は、なるべく教科書を見ないで言う練習をします。

順番を交替して2回練習する。

発問　くらもちの皇子は架空の冒険談を本当らしく思わせるために、どんな工夫をしていますか。

指示　まずは自分で考えてノートに書きなさい。★6

その後、班で共有する。

・実物に見せた枝を作った
・ボロボロの服で来た
・三年間たって（時間をあけて）から来た
・自分の気持ちを詳しく言っている
・天人の様子などを詳しく言っている
・疲れた様子で来た
・大金を使って偽の枝を作らせた
・匠を使った
・周囲の人にも探しに行くと言いふらした
・長い間姿を消していた
・今、船を下りたばかりという様子

ほかにもないか問うと、次の意見が出た。★7

・天人との会話を詳しく言っている

引けていなかった生徒がついてきて、線を引くことができる。それでも心配な生徒がいる場合は、さらに「念のため、お隣同士確認しなさい」と詰める。

★6　いきなり「班で考えよう」は立ち往生の元

「ノートに書きなさい」と言った時に、書けない生徒が必ずいる。そういう時には、書けている生徒を数名指名して、発表させると良い。それがモデルとなり、書けない子へのヒントになる。

また、班で考える時に、班の中で発言できない生徒もいる。そこで、いったん、個人の考えをノートに書かせた上で、班で共有する場面を作ったのである。

★7　生徒をあおってもう一歩の意見を引き出す

意見がもう一歩出てほしいとき、私は、

「もうないですか？　先生はまだあるけどなあ～」

「〇年〇組の意見はこれで全部ですか？」

「もう答えを言ってもいいですか？」

のような言葉で「あおる」ことが多い。

このように言うと、生徒たちは「先生、ちょっと

・「見劣りする物」とわざと言っている
・山のこと以外は言っていない（ボロが出ないように）

第5時 富士の山

Ｐ162～Ｐ163のあらすじを音読する。
「帝」「宮中」「中秋の名月」など、難しい言葉は適宜解説する。

発問　かぐや姫が帝に残した物は何ですか。

・不死の薬と手紙

Ｐ164の古文を音読する。

指示　古文と現代語訳の交替読みします。★8

教師が古文を読んで、生徒はなるべく教科書を見ずに現代語訳を言う。その後、隣同士で2回ずつ。

発問　この場面の言葉遊び（しゃれ）について、隣近所で説明しあいなさい。

様子を見て説明できそうな生徒に発表させる。
・「不死（ふし）の薬」と「富士（ふじ）の山」が、しゃれになっている。

待って！　まだ考えさせて！」と真剣に考える。

★8　スラスラ読めるようになってから内容に入る

現代語訳が載っているからといって、音読をおろそかにしていきなり内容の読解に入ると、立ち往生しがちである。読めない文章は理解できないのだから、すらすら読めるまで音読させる必要がある。

大人である教師は、古文の横に現代語訳が付いているということを理解しているが、子どもはそうではない。古文と現代語訳がどう対応しているのかを確認する意味も含めて、古文→現代語訳の交替読みを行うのである。

★9　意見の分かれる発問で討論に導く

教科書Ｐ168の「学習」では、「登場する人々の思いや行動について考えてみよう」とある。しかし、「登場人物についてどう思いましたか」のような発問では、意見を書けない子が必ずいるし、発表しても意見を言いっぱなしで、子ども同士の話し合いがかみ合わない。

これは、発問が悪いのである。今回の授業では、

昔は濁点・半濁点がなかったことを説明した。

ふし ↘不死
　　 ↙富士

第6時・第7時　討論

2時間続きで討論の授業を行った。

発問　この物語でいちばん不幸なのは誰ですか。★9

ノートに書かせて発表させる。教科書やワークの資料を参考に意見を書かせる。資料に載っていない事柄については教師から少し説明を補足した。

出た意見と理由、それに対する反論は次の通り。★10

（人数は最初の意見分布。理由を考えさせる段階で、理由が出ずに消えた意見もあった。）

〈翁〉3人…かぐや姫を大切に育てたのに天に帰ってしまった。大事な子どもを失った。愛情が無駄になってしまった。

〈かぐや姫〉9人…自分のせいで一人死んでしまっ

「いちばん不幸なのは誰か」という形で、明確な解答を求めている。つまり、子どもの答えが「はっきり分かれる」のである。

このように、意見がはっきり分かれる発問によって、授業を討論に導くことができる。

★10　討論中はキーワードのみ板書

子どもたちが発言をしたときに、教師がその意見をゆっくり丁寧に板書していると、意見発表のテンポが悪くなる。教師の板書スピードに合わせて子どもがブレーキをかけてしまうのである。

私の場合は、「板書に構わず、どんどん意見を発表しなさい」と言って、意見発表を優先させる。教師はその間、出た意見のキーワードのみを簡潔に黒板にメモしていく。

そして生徒には、「先生は自分が分かるように黒板にメモをします。みんなは自分のノートに、自分が分かるようにメモすれば良いのです」と言って、「板書を写すのが授業ではない」ということを継続的に伝えていく。

た。帝に手紙を燃やされた。無理やり結婚させられそうになった。

↓反論（貴公子たちに命令して楽しかった）

〈くらもちの皇子〉３人…もう少しだったのに失敗した。

↓反論（嘘がばれたのは不幸ではない。楽して失敗したから不幸ではない。自業自得。）

〈石作の皇子〉０人

〈右大臣阿倍御主人〉３人…だまされて大金を失った。

↓反論（どうせ偽物だから不幸ではない。）

〈大納言大伴御行〉１人…小細工なしで挑戦した。ずるをしていないのに失敗して病気になった。

〈中納言石上麿足〉７人…ごまかさなかったのに怪我をして死んでしまった。

↓反論（唯一、姫に手紙をもらったので不幸ではない。）

〈帝〉０人

〈匠たち〉０人

最後にまとめ作文を書かせて授業を終えた。

1年――『少年の日の思い出』ヘルマン・ヘッセ

第1時 **音読・感想**

いきなり読みで通読。間違えたら即座に交替する。緊張感とテンポのよさが楽しくやるコツである。

指示 **初めて読んだ感想をノートに書きなさい。**★1

説明 **次回から、みんなの意見を基に授業の展開を考えていきます。**

第2時 **感想交流**

指示 **書いてきた感想を交流します。**★2

まずは班の中で発表し合う。次に班以外の人2人以上と発表し合う。最後に全体で発表。発表しながら、反対意見も出てきたので自由に言わせた。

・この話は悲しい話だ。

・自業自得だから悲しい話ではない。

・僕は悪い人だったが、反省して成長した。

立ち往生しない授業のワンポイント解説！

★1 自力分析の第一歩は「感想」から

討論の授業は子どもたち自身の読み取りから始まる。生徒が自力で作品を分析できるようになるのが理想であるが、やったことのないクラスでいきなり「分析しなさい」とやると、書けない生徒が続出して授業が立ち往生してしまう。

慣れていないクラスならば、まずは「感想を書きなさい」から始めると良い。感想ならば小学校でも経験があるので、ある程度書ける。

それでも書けない生徒には、「読んでみてどう思った？」と個別に聞き、返ってきた答えをそのままノートに書かせれば良い。感想なのだから、何を書いても良い。

・欲望に負けてはいけない、抑えなければいけないということを言いたい。
・最後に自分のちょうを粉々にしたのは、謝罪したかったからだと思う。
・僕とエーミールの二人の視点で書かれている。
・一度してしまったことは取り返しがつかないということを言いたい。
・悪いことをすると一生傷が残る。だからやってはいけない。

作品がどんなことを表現しようとしているのかという意見が出たので、そこから考えていくことにした。★3

指示　この物語は何を表現しようとしているのですか。

残り時間15分、ノートに意見を書かせた。

第3時　主題（1）

指示　前の続きで、「物語が何を表現しようとしているのか」について話し合います。

書いてきた意見を発表させる。★4

・失敗は自分を成長させる。「一度起きたことは、もう償いのできないものだということを悟った。」とあるので、この経験から

★2　意見を発表する目的を趣意説明する

国語の授業では、往々にして「とにかく意見を発表すれば授業になる」と教師も生徒も思いがちだが、目的を意識しなければ「発表すること」が目的化してしまう。

私の場合、折にふれて「文章をよく読み、考えたことをしっかり書き、発表し、友達の意見をよく聞き、考えたことをしっかりまとめるというサイクルを繰り返していくと、必ず国語の力が付きます。がんばりましょう」と趣意説明をしている。

――→「立ち往生しない」授業の原則⑤

★3　生徒の意見の中から次の展開を組み立てる

「意見を発表させたあと、どうやってまとめれば良いのか分からない」という悩みを聞く。

文学作品の読み取りに関しては、基本的に意見をまとめる必要はない。感想や解釈は人それぞれだからである。今回の場合、討論の授業を組み立てたいというねらいがあるので、発表の中から討論につな

僕は成長した。

・何かに挑戦したり夢中になったりすることは悪くない。
・謝ることは大切だ。自分のちょうをつぶしたのはエーミールに謝罪したかったから。
・一度やったことは取り返しがつかない。
・人に迷惑をかけてはいけない。
・悪いことをすると一生傷が残り、人生に悪影響を与える。P199「その思い出が不愉快ででもあるかのように…」というのは後悔している。
・欲望を抑えなければいけない。
・自分のやってきたことは否定できない。良いことも悪いことも自分の行動。

出た意見を整理して、

・反省したり後悔したりして成長すること。
・欲望にかられて悪いことをしてはいけない。
・良いことも悪いこともすべて自分の行動。

という三つにまとめた。その上で、次の課題を与えた。★5

発問　**主人公にとって、ちょうにまつわる出来事は良**

がりそうな感想（主題に関わるもの）をピックアップして次につなげている。

――→「立ち往生しない」授業の原則⑨

★4　生徒の意見は丁寧に板書しない

生徒が一人発表するたびに、「それは～～ということかな？」と丁寧に確認して、その意見を教師が文章で板書する授業を見かけるが、これはテンポが悪い。教師が黒板を書いている間、生徒は何も活動していない状態になる。

学力上位の子は、発表を聞きながら、同時に板書を写すということができるが、多くの子はそれができない。だから、次の発表を聞かずに、ひたすら教師の板書を写すことが中心の授業になってしまう。

私は、生徒が発表したら、意見の中のキーワードのみ、簡潔に板書するようにしている。

今回の意見で言えば、

・失敗→成長
・挑戦〇

かったのですか、悪かったのですか。

意見をノートに書いてくるように伝えた。

第4時　主題（2）

前回の続きで、「主人公にとって、ちょうにまつわる出来事は良かったのか悪かったのか」についての発表から始めた。

隣同士で発表した後、同じ立場同士で集まって発表し合った。★6（「良かった」派が多数、「悪かった」派が少数であった。）

その後、全体発表。

・良かった。この経験で成長した。

・良かった。嫌な思い出だが、P210「一度起きたことは、もう償いのできないものだ」と悟ったので成長した。

・悪かった。P200「話すのも恥ずかしい」と言っているから後悔している。

・恥ずかしい出来事を友人に話したのは、そこから学んでほしいという意図があったから。

・自分では「恥ずかしい」と思っていて、成長とはとらえていな

・謝る＝大切

のような感じだ。このように、発表を聞きながら短いキーワードでノートにメモをする技術を教えていくことが大事である。

★5　意見を整理し、論点を明確にする

黒板にたくさんの意見が並んだ状態で、「では、これについて討論をしましょう」と言っても、討論にはならない。ある程度の交通整理が必要である。

今回は、キーワードとして「後悔・成長」「欲望」「自分の行動」という3つに整理した。整理の仕方は教師の判断で良いが、大まかに三つ～四つのまとまりに分けると討論につなげやすい。その上で、どの意見にも「悪いこと」という点が共通していたので、それに関する発問を出し、討論の準備をさせたのである。

★6　同じ意見で集まって自信を持たせる

ここでは、全体で発表させる前に「同じ立場の人同士」で発表させている。生徒たちは、自分が書いた意見に自信を持てない場合が多い。自信を持たせ

い。笑い話とは思っていない。

・良かった。謝ることが大切だと分かった。

・P208「他の友達だったら」すぐに謝る気持ちはあったので、このことで成長したわけではない。

主人公が成長したのか、していないのかという話になったので、次回の課題を提示した。

発問　主人公は変化したのですか、していないのですか。したのなら、いつ、どのように変化したのですか。

意見を書いてくるように伝える。

第5時　変化について（1）

主人公の変化についての意見発表。★7

・変化した。P210「一度起きたことは…」と、P207「自分がつぶしてしまった…僕の心を苦しめた」から、悪いことをしたと思っていて、このことで成長した。

・変化した。P207「ついに、一切を母に打ち明ける勇気を起こした」とあり、成長している。

・変化していない。「一度起きたことは…」というのは悟っただけで、成長とは言えない。

る方法の一つが、この指示である。

そこで、同じ立場の生徒たちは、互いに同じ理由に共感したり、別の理由を聞いて考えを広げたりすることができる。その上で全体発表に入ることで、生徒が自信を持って発表できるようになる。

★7　生徒が発表した言葉を安易に変えない

前述したように、生徒の発表を聞きながら、キーワードを拾って板書していく際に気をつけることは、「生徒が発表した言葉をそのまま書く」ということである。たとえば、ここでは「悪いことをしたと思っていて…」という意見が出ているが、これを「罪悪感」などとまとめて板書しない方が良い。

良かれと思って教師が的確な言葉で言い換えてしまうと、生徒の考えが教師の言葉で表現されてしまう。言葉が違うということは、意味が違うということである。生徒が発表した理由をそのままの言葉で検討させるから、その後の討論が面白くなるのである。

・ちょうをつぶしたのは、やけになっているだけ。成長はしていない。
・「僕の心を苦しめた」というのはちょうがつぶれたことが心を苦しめただけ。その気持ちは前からあるので、成長ではない。
・「心を苦しめた」というのは変化だから成長している。
・P205「大きな満足感」→「自分は盗みを犯した下劣なやつ」というふうに変化している。自分の罪を自覚してP207で母に打ち明ける勇気を起こしているので変化している。
・特別熱心でなかったのが熱中するようになったので変化している。

指示　今日のまとめを書きなさい。

残り10分で書かせる。

第6時　変化について（2）

P208～最後まで一斉音読する。

前回の続きで変化について討論する。★8

・P207で母に打ち明ける勇気を起こしているので、変化している。
・P207では「それをすっかり元どおりにすることができたら

★8　授業の最初に「前時の振り返り」はしない

前時にどんな学習をしたのか、教師が丁寧に説明する授業を見かける。たしかに、生徒は前時の内容を忘れていることが多いが、教師がまとめて説明してしまうと、生徒は受け身の授業になってしまう。

私の場合は、「前回の意見と同じで良いから発表しなさい」と言って、生徒に発表させる。発表する生徒は再びアウトプットすることで思考が整理されるし、前回の内容を忘れている生徒はその発表を聞いて思い出すことができる。

…」とあるが、P210で「一度起きたことは、もう償いのできないものだ」という考えに変化している。

・つぶしてしまったちょうが「心を苦しめた」ことによって心が成長した。だからP199で大人の「僕」は「用心深く」ちょうを取り出している。

・盗んででもちょうがほしいという気持ちだったが、最後にはちょうを粉々に押しつぶしてしまったので、ちょうに対する気持ちが変化している。

・主人公が変化（反省）したのなら、もう一度ちょう集めを始めるはず。でも主人公は自分を追い込んでいるので変化していない。

・「話すのも恥ずかしい」ということは、まだ悪いことだと思っている。後悔の気持ちがある。だから自分のちょうを粉々にした。

・自分のちょうをつぶしたことで罪悪感を感じている。（「闇の中」は罪悪感を表している。）大人になった「僕」が「話すのも恥ずかしい」と恥ずかしさを感じている。

主人公がちょうをつぶした行為についての意見が出てきたので、次の課題を提示した。

発問　「僕」が自分のちょうを粉々にしたのはどういう意味があるのですか。★9

★9　出てきた意見の中から論点を示し、次の意見を書かせる

ここでは、討論の後の残り10分で自分の意見を書くように指示した。これは「助走」である。討論で思考が活性化している時に意見の書き始めをノートに書いておくことで、家に帰ってからも続きを書きやすくなるのである。

★10　言葉にこだわる生徒の意見を大切にする

「押しつぶしてしまった」と「押しつぶした」は違う。語り口には語り手の心情が反映する。そこを感じ取った意見を大切にすることで、言葉の微妙な違いに気づき、それを手がかりに作品を解釈する生徒が育つ。

★11　考えさせたいことを直接問うのではなく、間接的な発問によって考えさせる

ここで考えさせたいのは、少年が自分のちょうをつぶした行為について、どのように思っているのか、ということである。だが、これを直接「少年は自分のちょうをつぶしたことについて、どのように

第7時　ちょうをつぶした意味（1）

書いてきた意見を発表する。

・エーミールのちょうをつぶしてしまった罪悪感から自分のちょうをつぶした。
・恥ずかしさを感じて、もう盗まないようにつぶした。
・自分への怒り。くやしいと思って、もうちょう集めをしたくないと思った。
・エーミールへの怒りでつぶした。
・P209「すんでのところであいつの喉笛に飛びかかるところだった。」とあるので、エーミールに腹が立った。
・「押しつぶしてしまった」とあるので、本心とは違う。本当はつぶしたくなかったのに、★10 つぶしてしまった。
・盗んだ時は「満足感」を感じていた。次に自分を「下劣な奴」と思って、反省したからつぶした。
・少年はちょう集めの純粋な喜びを自分で汚してしまった。それを、ちょうをつぶすという行為で表している。

「押しつぶしてしまった」という部分についての意見が出たので、自分のちょうをつぶした行為について思っていますか」と問うても、おそらく反応は鈍い。

「どのように」というのは、オープンクエスチョンである。答え方が幾通りもある。このような発問は、討論になりにくい。それを、「ちょうをつぶしたのは自分の意思か、否か」という二者択一の発問に凝縮することによって、討論を行いやすくするのである。

★12　ページを示して根拠を挙げる

多くの意見が、ページ数を提示して、本文を根拠に解釈を述べている。当然だが、初めからこのような意見の述べ方ができるわけではない。くり返し指導し、身につけさせることで、「本文を根拠にする」ということが自然にできるようになっていく。

そのためには、常に「どこに書いてありますか？」という問いを、教師が発していく必要がある。

★13　小刻みなステップで発表に慣れさせる

書いてきた意見を言うだけなのだが、中学生はなかなか発表したがらない場合が多い。ましてや、いきなり「全体で発表」というのは、かなりハードル

て、もう少し突っ込んで考えさせた。

発問　少年が自分のちょうをつぶしたのは、自分の意思ですか、ちがうのですか。[★11]

よく考えてやった行動なのか、思わずやった行動なのかを考えるように言った。

しばらく時間をとって考えさせ、意見交換させた。

・自分の意思ではない。エーミールに怒りすぎて、意識もうろうとしてやってしまった。
・恥ずかしさから自分の本心でやった。「押しつぶしてしまった」というのは、あとから表現している。
・自分の意思。罪を償うために、それしか方法がなかった。
・P201「今でも、美しいちょうを見ると、おりおり、あの熱情が…」とあるので、ちょうへの熱情は衰えていない。だから、ちょうをつぶしたのは本心ではなく、思わずやってしまったことだ。
・「〜しまった」というのは、今でもちょうが好きだということと。当時の衝動的な行動。
・P206「どんな不幸が起こったか」、「僕の心を苦しめた」とあり、罪悪感を感じている。

が高い。そこで、まずは班の中で発表しあう。これは、まず声を出すことに慣れ、発表する言葉を練習することになる。その後、全体で発表することで、抵抗感を減らし、発表できそうだと思う生徒を増やすのである。

★14　授業の記録はメモと写真で残す

授業展開とは直接関係ないが、授業で生徒からどんな意見が出たのかを授業後に振り返る際に、意見を思い出せないことがよくある。

私の場合、生徒が発表している途中で、簡単なメモを取りながら聞いている。前述したように、それを黒板に直接書くことも多い。それに加えて、授業後に黒板を写真に撮って残しておくのである。メモと写真を合わせて、どんな意見が出たのかを思い出しながら、授業記録を書いている。

★15　教えるべきことは教える

「説明の言葉を削る」ということは重要だが、教えるべきことを教えなければ、生徒は考える足場がない。

・P210「一度起きたことは…」というのは、いい体験（教訓）だと思っている。
・エーミールのちょうをつぶした自分に対して怒っている。
・「押しつぶしてしまった」というのは感情的にやってしまったということ。あとで我に返って後悔している。
・P210「もう遅い時刻だった」とあるが、「食堂に行って…」とあり、時間が経っていることが分かる。その間に考えている。
・P209「エーミールは、まるで世界のおきてを代表…」というところで、エーミールが正論であることを認めている。自分が悪いと分かっている。★12

まとめを宿題にした。

第8時　ちょうをつぶした意味（2）

書いてきたまとめを発表する。
まず班の中で発表し、その後全体で発表。★13
・P209でエーミールに対して強い怒りを感じているので、ちょうをつぶしたのは自分の意思ではない。
・自分の意思でつぶした。P210「もう遅い時刻だった」とあり、時間が経っているので、冷静になっている。感情をコント

教師が教えれば済むことを発問や作業指示で生徒から引き出そうとして、かえってゴテゴテした授業になることもある。

大事なことは、教えた後に、それを活用して思考させる場面を作ることである。

★16　板書より発表を優先する

生徒の意見を黒板にメモする時に意識していることは、「生徒の発表のスピードに板書のメモを合わせる」ということである。教師の板書に時間がかかると、生徒がそれに合わせて発表するようになり、テンポが悪くなる。

発表する生徒が教師の板書を待っていたら、「板書に構わず、どんどん発表を進めなさい」と言って、発表を優先する。「先生は、自分のために板書でメモしています。皆さんも、自分のためにノートにメモすれば良いのです。黒板を写す必要はありません」と趣意説明する。

★17　発表が止まっても焦らずに待つ

授業記録を読むと、さまざまな意見が次から次へ

ロールできているはず。

・冒頭の大人の場面で後悔している。大人になるまで何度も後悔しているはず。それが「押しつぶしてしまった」という表現になった。

・P210「ちょうを一つ一つ取り出し…」という行動は、とても落ち着いている。自分の意思でやっている。

・ちょうをつぶしたことを「話すのも恥ずかしい」と大人になってから後悔している。

・子どもの頃は、ちょうをつぶすしか償う方法を知らなかった。でも、大人になってみると、他に方法があったかもしれないと思っている。

・エーミールへの怒りでちょうをつぶした。自分の意思ではない。時間が経ったので頭は冷静になって、一つ一つ取り出してつぶしているが、怒りの気持ちは続いている。

・ちょうをつぶす行為で自分を責めている。後悔している。

・「思い出を汚してしまった」と言っているので自分の行為を残念に思っている。★14

ここで、「押しつぶしてしまった」と思っているのは、「現在」の話者（客）なのか、「過去」の話者

と発表されているように見えるが、実際は、意見と意見の間に長い時間が空いていることも少なくない。

指名なし発表をすると、よほどレベルの高いクラスでなければ、どうしても「誰も立たない時間」が生まれるのが普通である。

そんな時に、教師が焦って次々と指名したり、教師自身がしゃべり始めたりしてしまうと、生徒がだんだん受け身の姿勢になっていく。「指名なし発表をしなければ、先生が授業を進めてくれる」というわけだ。生徒がこのような意識になってしまうと、次第に発表が減っていく。そうすると教師はさらに焦って、悪循環に陥る。

誰も発表しようとしない「重い時間」を、教師自身が我慢し、「みんなが発表しないと、授業になりません。誰も発表しないなら、これで打ち切ります」と言って、余裕を持って待てば良い。

→「立ち往生しない」授業の原則⑤

★18 「お客さん」を作らない

（僕）なのかという観点が出てきたので、論点を整理して説明を加えた。

説明　**この物語は、幼年時代の「僕」とエーミールの話を、大人になった「僕」（＝客）が振り返って語っています。**

P201「今でも、美しいちょうを見ると…」やP203「今、僕の知人が…」と言っている「今」は、「現在」のことです。つまり、大人になった「僕」が所々に出てきているのです。これによって、当時を振り返って語っていることが意識されます。★15

作品の構造について、以上のような説明を簡単にしてから、冒頭の場面について考えさせた。

発問　**冒頭の場面にはどんな意味があるのですか。**

第9時　**冒頭の場面**

書いてきた意見を発表させていった。★16

・大人になった今でも、ちょうが好きだということを表すため。

・「押しつぶしてしまった」という気持ちを詳しく表すため。大

「全体の前で発表」ばかりを続けていると、それができる一部の生徒だけが発表するようになり、「お客さん」が多くなってしまう。

全員に発表を経験させたい、つまり、「お客さん」を作らないという発想で、「班で発表」→「3人と意見交換」という指示を出しているのである。

ノートに書いてあることを発表するだけなのだが、「全体で」となると、やはり抵抗感が大きい生徒が多い。

まずは「班の中」、それをふまえて、「3人と意見交換」と条件を変えることで、発表のチャンスを増やし、抵抗感を減らす。そういう目的なので、その時は仲の良い友達同士ばかりで発表しあっても構わない。

――〉「立ち往生しない」授業の原則④

★19　教師の解釈は述べない

基本的に、教師の解釈は述べない。教師が解釈を述べてしまうと、それが「正解」として受け取られ

人の気持ちと少年の気持ちを比較することができる。
・主人公がどう成長したのかを表すため。ちょうの経験が主人公にとって悪い経験だったということを言いたい。
・ちょうに対する思いが今はどうかということを表すため。不愉快な思い出ではあるが、ちょうをつぶしてしまった思いが軽くなっている。
・エーミールのちょうを壊したことが悪い経験だということを象徴的に表す。
・つぶす前はちょうに「うっとり」して「熱情」を感じていた。後になるとP200L9やP210L7に「闇」が出てきて、「もう結構」と思っている。
・大人になってからの気持ちを表している。少年の時は怒りや悲しみや反省を感じていたが、冒頭の場面では恥ずかしさを感じて思い出を汚してしまったと思っている。
・大人の場面がなければ、後悔だけが残る。大人の場面があると、大人になっても出来事を忘れられないことが分かる。
・なぜこの話を始めるのか、読者に伝えるため。
・子どもの時はいい思い出がなかったことを表す。
・気持ちの変化を表すため。少年の時は「償わなければ…」と

るからだ。私もかつては、良かれと思って教師の解釈を説明していた。だが、そうすると、その後、生徒は自分の頭で考えようとしなくなることが多い。

　この授業で「モチーフ」について説明しているように、時にはより深く考えさせるために、考えるヒントとなる情報を説明することはあるが、それに対する「解」は示さないようにしている。

→「立ち往生しない」授業の原則⑩

思っていたが、大人になってからは笑い話にしている。

・大人の話者が時々出てくるのは、大人と子どもの違いを読み手に伝えるため。

・大人になってからの気持ちを表すため。「もう結構」というのは、またちょうに興味を持ってしまいそうになったから、やめておいた。★17

主人公の少年時代と大人になってからが対比されて描かれていることを読み取った意見が多く出てきたので、最後の課題を提示した。

発問　**この話で描かれているのは、なぜ「ちょう」なのですか。**

「たとえば、切手やコインなどの収集ではだめなのですか」「ちょうでなければこの話は成り立たないのですか」「ちょうであることに特別な意味はあるのですか」などと問いかけて、意見を書かせた。

第10時　なぜ「ちょう」なのか？

書いてきた意見を班の中で発表してから、3人と意見交換させた。その後、全体で発表させた。★18最後に、作品のモチーフが「ちょう」であることについて少し説明した。★19

説明　**ちょうは、最初はイモムシです。それがサナギになって、ちょうになります。全く違う姿に生まれ変わるのが、ちょうという生き物です。そこに、この物語の意味があるのかもしれません。**

また、エーミールはクジャクヤママユを「捕まえた」のではなく、「サナギからかえした」のです。これも何か意味があるのかもしれません。

指示　**物語の中心が「ちょう」であることについて、自分の考えをまとめておきなさい。**

第11時～第15時　評論文

テスト返却の後、評論文の書き方について説明した。一枚目に題名、氏名、目次を書く（目次の立て方は自由）。二枚目から本文を書いていく。目次が書けたらチェックする。本文を書く時間は4時間。まだの生徒は後日出すように伝えた。

2年 ―『アイスプラネット』椎名誠

第1時 音読

指示 最初なので、いきなり読みをします。間違えたら次の人にバトンタッチです。

少しでも間違えたり詰まったりしたら、即座に「残念！」と言って交替させる。テンポ良く、明るい雰囲気で進める。

説明 最初からP15L14までで音読テストをします。各自で練習しなさい。[★1]

しばらく練習時間をとる。

座席順に一文ずつ音読テストをする。

テンポ良く、「合格！」「残念！」と進めていく。

次の時間にもう少し長い文章で音読テストをすることを伝える。

指示 題名の横に丸を十個書きなさい。[★2]

説明 1回通して音読したら、赤で1個塗ります。今の

立ち往生しない授業のワンポイント解説！

★1 短い音読テストで適度な緊張感を持たせる

音読テストをする時に、一人が読む範囲を長くしすぎると、緊張感がなくなって授業が緩む。そこで、範囲を決めて練習させ、「その中のどこを読むか分からない」という状況を作る。

テストは座席で一人ずつか、名簿順に行う。一人が読む長さは2～3行である。すらすら読めていれば「合格！」と短く評定して、次々と進めていく。

★2 自主的に練習してきた生徒をほめる

音読指導の有名な指示であるが、最初にやり方を言っただけでは、自主的に読んでくる生徒は少ない。次の時間に、何回読んできたかを聞いて、たくさん読んできた生徒をほめることで、他の生徒も読

時間に読んだ続きを家で読んだら、1個塗っておきなさい。

第2時　音読テスト・登場人物

説明　**音読テストをします。2〜3行ずつ読んでもらいます。順番は自由です。やりたい人からどうぞ。**

2〜3行ずつ、適当な区切りで読ませながら、合格か不合格かを判定していく。★3

説明　**不合格の人は何回挑戦してもいいです。ただし、回数の少ない人が優先です。**

不合格の生徒にも再挑戦させ、全員合格させる。

指示　**挑戦した回数分、ノートの日付にAを書きなさい。**

挑戦することに価値があることを伝える。

発問　**登場人物をすべてノートに書きなさい。**★4

書かせて発表させる。

・僕（悠太）
・ぐうちゃん（津田由起夫）
・お母さん
・お父さん

んでくるようになる。

★3　音読テストは厳密にやり過ぎない

授業中に行う音読テストは、形成的評価である。だから、あまり細かく基準を決めて厳密にやりすぎない方が良い。音読はあくまで読解のための手段である。内容を読み取るために、音読できるようにするのである。だから、短い範囲で、何度でも挑戦できるようなテストにして、意欲を引き出すのが良い。

★4　登場人物の定義を確認するチャンス

この作品の場合、登場人物として「イヌイット」などが出てくる可能性がある。分析批評の定義で言えば、「イヌイット」は登場人物ではない。だから、そのような意見が出てきた時が、登場人物の定義を押さえるチャンスである。

時間に余裕があれば、「イヌイットは登場人物か否か」について意見を出させて検討する展開もある。シンプルな方法は、「イヌイットは登場人物ですか？　違いますか？」と聞いて、挙手させる。その上で、「登場人物というのは、物語の中で話した

・吉井と今村

発問　主役は誰ですか。（僕＝悠太）

説明　物語の中で、大きく変化する人物が主役です。この物語では「僕」が最も大きく変化しています。次の時間は主役の変化について考えます。

第3時　主役の変化（1）

説明　主役（悠太）の変化について考えます。変化というのは、気持ちの変化、考え方の変化、行動の変化など、いろいろあります。★5

発問　物語を五つの場面に分けなさい。

1行空いているので簡単に分かる。

〈1場面〉最初～P15L14

〈2場面〉P15L16～P18L17

〈3場面〉P18L19～P20L7

〈4場面〉P20L9～P22L2

〈5場面〉P22L4～最後

場面分けを確認する。

発問　五つの場面の中で、主役が最も大きく変化してい

り行動したりして、物語の進行に関わる人物のことです」という定義を教えれば良い。

★5　変化にもいろいろある

クライマックスを検討する際に、「変化」について考えさせるだろう。その時に、「主役の心情の変化」と限定してしまうと、解釈が狭くなる。

この作品の場合、心情の変化だけでなく、主人公にまつわるさまざまな変化を含めて検討させることで、幅広い解釈が可能になる。

★6　クライマックスの検討は場面から絞っていく

いきなり「クライマックスの一文」を探させると、混乱する場合が多い。特に、この作品の場合、主役の変化が何度か訪れるため、作品全体のいろいろな場所が意見として乱立して、立ち往生してしまう。

まずは、大きく「場面」を絞る。その後に、その場面の中で最大の変化を検討させることで、考えが整理しやすくなる。

また、この授業では、「クライマックス」という

るのはどの場面ですか。★6

ノートに考えを書かせて発表させる。

〈3場面〉

・ぐうちゃんが好きな気持ちから変化している

・ぐうちゃんの部屋に行かなくなった

〈4場面〉

・行かなくなっていたぐうちゃんの部屋に、また行くことにした

・「勝手に行けばいいじゃないか」とキツい言い方をしている

・ぐうちゃんから離れる決心をしている

・ぐうちゃんが旅に出て、ほら話じゃなかったと気づいた

〈5場面〉理由なし

第4時　主役の変化（2）

説明　どの場面で変化したのかは人それぞれの考えで良いです。変化するということは、変化する瞬間がどこかにあるはずです。★7

用語をきちんと扱っていなかったが、本来なら、クライマックスの定義を押さえた上で用語を扱った方が良いだろう。

★7　解釈をまとめようとしない

「解釈は人それぞれ」ということを、くり返し教えていく必要がある。

生徒が「先生、正解は何ですか？」と聞いてきたら、「根拠があって、人に説明できるなら、すべて正解です」と答えている。

中学校の場合、「でも、テストの時はどうすればいいのですか？」という疑問を持つ生徒もいる。それに対しては、「テストでは、基本的に正解が確定できる問題しか出ません。でも、授業では逆に、正解のない問題をみんなで考えて国語の力をつけていきましょうね」という趣意説明をしている。

授業の目的とテストの目的は違うということを教え、取り組み方を意識させることが大事だ。

→「立ち往生しない」授業の原則⑩

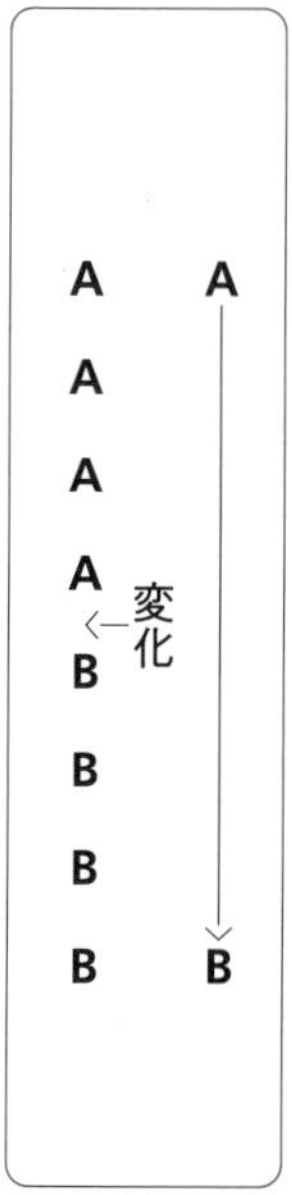

A ――――――――→ B

A A A A ←変化 B B B B

発問　主役が最も大きく変化した瞬間はいつですか。

指示　その部分に線を引きなさい。

引けたらノートを持って来させてチェックする。

指示　同じ場面の人で集まって意見交換しなさい。

しばらく時間をとってから発表。

・P19L9「むっとした。」

・P19L13「僕は人生を全面的にからかわれて以来、あまりぐうちゃんの部屋に行かなくなっていたから、気にも留めなかった。」

最後にまとめ作文を書かせた。★8

★8　ページと行数の書き方

ノートに意見や作文を書かせる時に、「ページと行数はどう書けばいいですか？」という質問が出る。これはクラスの実情に合わせれば良いが、私の場合、「〇ページ〇行目」と書かせている。理由は簡単で、その方が「P〇L〇」よりも「字数が稼げるから」である。少しでも長く書けるようになれば、自信につながる。

★9　良い作文を紹介する

ノートを集めて作文を読んだ後、返却する時に、よく書けているものを何名分か印刷して配付する。

「上手に書けている人のまとめ作文を紹介します」と言って代読すると、自分の作文が載った生徒は、喜んだり照れくさそうにしたりしている。中学生でも、みんなの前で取り上げてほめられるのは嬉しいのだ。時には、ビッシリ意見を書いている生徒の作文に驚きの声が上がることもある。同じ教室の同級生がこれだけ書けるのか、という驚きが、他の生徒への刺激になるのである。

〈他の生徒作文[★9]〉

私は４段落のＰ20の16行目の「旅費がたまったから、これからまた外国をふらふらしてくるよ。」という文だと思います。理由は、その言葉の後から僕は突然のことにびっくりして、何も言えずに部屋に行かなかったのだと思ったからです。

４場面の中で、「僕」が変化している瞬間は、20ページの17行目の「ぐうちゃんは突然そう言った。」のところである。なぜなら、ぐうちゃんが旅に出ると言って今まで話を聞きたいと思っていた気持ちが、もうぐうちゃんなんて嫌いという気持ちになったことが分かるからです。

私は３場面だと思ったけれども、４場面だと思う人の意見を聞いて、４場面かもなあと思いました。特に「ほらばっかりだったじゃないか」の所から最も大きく変化したのは４場面なのかもなあと思いました。

僕は４場面での意見の、決心や旅をしたことで、ほら話じゃないと分かったという所で、３場面から４場面の間で「僕」の気持ちが変化していると考えました。「僕」は「ぐうちゃん」が好きではなくなったのに、それでも心配したりしていたので、やっぱり「ぐうちゃん」が好きなんだなと思いました。

2年 ―『枕草子』清少納言

第1時 音読

1回、通して範読する。

指示 春の段落。追い読みをします。

句点か読点で区切って、2回追い読みする。

指示 お隣さんと交替読み。立って1回、座って1回読みなさい。★1

席順にリレー読みで確認する。読み方を間違えていたら修正する。春の段落を2回読む。

指示 最後に全員で。さんはい。

同様に、夏、秋、冬と音読練習をする。★2

〈夏〉追い読み2回（2回目はスピードを上げる）。交替読み（教師と生徒で。逆も）。隣同士で交替読み（立って1回、座って逆に1回）。リレー読みで確認。一斉読み。

〈秋〉追い読み2回（様子を見てスピードを上げ

立ち往生しない授業のワンポイント解説！

★1 音読をしない生徒に個別指導で戦わない

「隣同士で」の指示に従わず、音読をしようとしない生徒もいる。その時に、個別に指導しようとすると、他の生徒が置いてけぼりになってしまい、授業が立ち往生する。よほどのことがない限り、やろうとしない生徒への個別指導は避けた方が良い。

そういう場合、たとえば「全員起立」と指示してから「隣同士で交替読みをしたら座りなさい」と、全体を巻き込む指示をする。全体の中で「やらざるを得ない状況」を作り出し、ちゃんとやっている生徒を褒めることで、自然に巻き込むことができる。

―→「立ち往生しない」授業の原則③

る）。班で回し読み（終わったら各自で練習）。班ごとにリレー読み。一斉読み
〈冬〉追い読み２回。交替読み（教師と生徒で。逆も）。隣同士で交替読み（立って１回、座って逆に１回）。ペアでリレー読み。一斉読み。

指示　春の段落、音読テストをします。

教師の前で春の段落を音読する。合格したら続きを練習させておく。

夏の段落も音読テストをする。「行くのもをかし」「降るのもをかし」と間違える生徒がいる。惜しい２名を残して全員合格。

第２時　音読・現代語訳・暗唱テスト
通して交替読みを１回。順番を変えて１回。
生徒が上の古文を読み、教師がそれに対応する下の現代語訳を読む。隣同士で同じように読ませる。順番を逆にしてもう１回読む。★3

発問　「紫だちたる雲のほそくたなびきたる」の後に省略されている言葉は何ですか。指で押さえなさ

★2　音読は最初に全体を練習する

季節ごとに四つの段落があるが、各段落で区切って学習していくよりも、音読を最初に全文通して練習した方が良い。

つまり、「春」の段落の音読を完璧にしてから、「春」の段落の内容を読解し、それが終わってから「夏」の段落を音読し、…とやるのではなく、この授業のように、全部の段落の音読を最初にやってしまうのである。これは「分散学習」の考え方であり、狭い範囲を集中的に学習するより、広い範囲を何度もやる方が学習効果が高いのである。

★3　古文→現代語訳の交替読みで現代語訳の感覚を育てる

教師「春はあけぼの」
生徒「春は明け方」
教師「やうやう白くなりゆく山ぎは」
生徒「だんだんと白んでいく山ぎわが」
…というふうに、句読点で短く区切りながら、教師が古文を読み、それに対応する現代語訳を生徒が

い。（〜のは風情がある）

教科書の該当部分を○で囲ませる。★4

発問　「春」の中で、ほかに省略されている言葉を探しなさい。（「山ぎは」の後の「が」）

同様に○で囲ませる。

発問　「春はあけぼの」の後に何が省略されているのですか。

・「…が良い」
・「…がすばらしい」

教科書に書き込ませる。

説明　古文の文章は、このように省略されている部分が多いのです。省略されている言葉を補いながら読むようになると、意味が理解しやすくなります。

最後に春の暗唱テストをする。

第3時　対比（1）

春、夏の段落を全員で暗唱する。

秋、冬は教科書を見ながら音読する。★5

読む方法である。

この読み方に慣れておくと、初めて読む古文を現代語訳する時にも役に立つ。

★4　小刻みな作業指示で理解させた上で説明する

古文は省略が多いということを具体的な文章に即して理解させるために、作業指示を小刻みに出して活動させている。つまり、作業指示→確認→評価のサイクルを短く回しながら、全体を巻き込んでいくのである。この短いサイクルを意識しないと、教師の説明が中心になり、生徒が受け身の退屈な授業になってしまう。

――→「立ち往生しない」授業の原則①

★5　毎時間、暗唱を取り入れる

暗唱をたっぷりさせた後、次の時間からは全く暗唱しないというのは、記憶の仕組みから言っても効果が薄い。

記憶は、時間を空けてくり返し何度もアウトプットすることで強化される。だから、毎時間、短時間

発問　春の段落で対比されているものは何ですか。★6

書かせて発表させる。

・白くなりゆく↕紫だちたる

・山ぎは↕雲

発問　「白くなりゆく」と「紫だちたる」は何の対比ですか。（色の対比）

〈春の対比〉

白くなりゆく↕紫だちたる
色

発問　「山ぎは」と「雲」は何の対比ですか。（景色、物）

同様に板書する。以下、同じように対比を挙げさせて、何の対比か確認しながら進めていく。

発問　夏の段落で対比されているものは何ですか。★7

・闇↕蛍（光）

・多い↕一つ二つ（数）

・月↕雨（天気）

・降る↕飛ぶ（動き）

発問　秋の段落で対比されているものは何ですか。

でも良いから暗唱の時間を取り入れることが望ましい。

★6　授業の進め方をインプットすることで説明の言葉が減る

最初から「それぞれの季節について、何がどういう対比になっているか、ノートにまとめなさい」とやると、おそらく多くの生徒は手が止まる。授業の進め方（ノートの書き方）をインプットしない状態で、手を離すからである。

まずは、どのようにまとめるのかという学習方法をインプットするために、春の段落で例示する。

それも「説明」で一方的に教えるのではなく、発問→発表→板書→ノートに写す、というくり返しで作業をさせながら、インプットするのである。

いったんインプットができれば、後は「同じようにやりなさい」で、多くの生徒は作業ができる。説明の言葉を削ることで、教師側に余裕が生まれ、個別の支援や指導が必要な生徒への対応が可能になる。

→「立ち往生しない」授業の原則②

・夕日のさして↕日が沈んで（日の動き）
・風の音↕虫の音（音）
・鳥↕虫（生物）
・風↕虫（見えない・見える）
指示　**まだありませんか？　班で相談しなさい。**★8
・三つ四つ↕二つ三つ（数）
以下は、生徒から出なかったので、教師が教えながら出させた。
発問　**「風の音」「虫の音」はどこで感じるものですか。（耳）**
発問　**耳で感じるのは聴覚です。それと対比されているのは何ですか。**
・夕日、山の端、烏、雁…等（＝視覚）
説明　**聴覚で感じる音と、視覚で感じる風景が、秋の段落全体で対比されています。**
現代語訳の「烏が…」から「…おもしろい」まで音読させる。
指示　**「までも」を丸で囲みなさい。「まして」も丸で囲みなさい。**

★7　誤答は生徒に検討させる

中には、対比になっていない答えを挙げる生徒もいるだろう。「一つ↕二つ」などである。

その時に、教師が「それは違う」と判断してしまうと、授業の広がりがなくなってしまう。できるだけすべての意見を認めながら、おかしい点については生徒に検討させて答えを導くことが理想である。たとえば、「この中でおかしいと思う対比はありませんか？」と聞いて、意見を出させるのである。

→「立ち往生しない」授業の原則⑥

★8　いつでも相談できる雰囲気を当たり前にする

出てほしい答えが出ない時、なんとか答えを引き出そうとあれこれヒントを出したり、問答を続けたりすることがある。当てられた生徒は、だんだん答えに詰まって空気が重くなっていき、他の生徒は手持ち無沙汰になって空気が緩んでいく。私もそのようにして、授業が立ち往生することがよくあった。

そういう時には、すぐに「隣と相談」「班で相談」

発問　**烏と雁、普通はどちらがしみじみとした趣があるのですか。（雁）**

説明　**趣がある雁と、趣がない烏が対比されています。**

・雁と烏（趣がある・ない）

第4時　**対比（2）**

前回の秋と同じように冬の対比を検討させる。

発問　**冬の段落で対比されているものは何ですか。**

・雪の白↔炭の黒・火桶の赤（色）

・いと寒き↔昼ぬるく（気温）

・つきづきし↔わろし（価値観）

発問　**「春はあけぼの」の「あけぼの」とは何ですか。**★9 **（明け方）**

発問　**夏は「夜」ですね。秋は「夕暮れ」ですね。冬は「つとめて」とは何ですか。（早朝）**

発問　**共通点は何ですか。（時間帯）**

説明　**それぞれの季節について対比を使いこなして書きながら、全体を「時間」という共通項でまとめて書いているのです。**

と全体に指示を出し、活動させれば良い。普段から、そのように気軽に相談できる雰囲気を当たり前にしておくことが大切だ。

★9　発問するところと流すところのメリハリをつける

発問と指示で授業を組み立てるのが基本だが、あまりそれに縛られすぎると良くない場合もある。

今回の授業では、まず「あけぼの」の意味を問い、「夜」と「夕暮れ」はさらりと流している。そして「つとめて」はまた発問で確認している。これをすべて発問で扱うと、単調な授業になって、テンポが悪くなる。適度なメリハリをつけることが大事である。

★10　教科書の課題に必要な補助を入れる

教科書P31に「自分流『枕草子』を書こう」という学習がある。

それによると、①「春は……。夏は……。」などの書きだしを借りる、②自分ならではの季節感を表す文章を四百字程度で書く、というやり方になって

第5時 作文

春と夏を立って暗唱、秋と冬を座って音読する。

説明 **今日は「私の枕草子」を書きます。まずは、清少納言の「枕草子」を参考にして書いてみます。**★10

二百字の原稿用紙を練習用として配る。

発問 **教科書の現代語訳を見ます。春は何がいいと書いてありますか。（明け方）**

発問 **その部分だけ変えてみなさい。**

> 春は□。

何人か聞くと「桜」が多かったので、「桜」で例示して進めた。★11

> だんだんと□なってゆく□が、
> 少し、□いる。

発問 **何を入れるといいですか。**

生徒とやりとりしながら書いていく。

いる。だが、これでは書けない生徒がいるはずである。そこで、誰でも書けるような手立てが必要である。

★11 生徒の意見を取り入れることで、受け身の授業にならない

些細な場面だが、ここで教師が用意した例文を一方的に出してしまうと、生徒は受け身になり、主体的に参加しなくなってしまう。

ちょっとしたことだが、生徒に問い、答えさせ、それを取り入れて展開することで、生徒は自分たちの意見で授業が進められているように感じるのである。

春は桜。だんだんと桃色になってゆく
つぼみが、少し、開いて、近づいている。

説明　このように、「枕草子」の元の文章を少し変えるだけでいいのです。

同様に夏も例示して、生徒と一緒に作る。
その後で本番用の原稿用紙（四百字）を配って、残り時間で「私の枕草子」を書かせた。
※生徒作文の例は次のページに掲載

〈生徒作文の例〉


春は桜。だんだんと桃色になっていくつぼみが少しひらいて、満開になっている。

夏は祭り。夜は言うまでもないが、夕方もやはり、人でにぎわっているのが良い。また、太鼓の音が聞こえるのも趣がある。屋台を食べ歩くのも良い。

秋は紅葉。山の色が赤色や茶色に染まった頃に、紅葉狩りをしているのが見えるのもしみじみとしたものを感じさせる。まして、川を流れる落ち葉も大変おもしろい。日がすっかり沈んでしまって、鳥の鳴き声がするのも、これもまた、言いようもないほど趣深い。

冬はクリスマス。寒いのは、言うまでもない。雪が真っ白なのも、またそうでなくても、たいそう寒いときに、マフラーを巻いて出かけるのも、大変似つかわしい。昼になって、寒さがだんだん緩んでいくと、雪だるまが溶けてしまって、好ましくない。


春は桃色。だんだんと桜が咲き始めていく。私たちも新しい出会いに心がだんだんと桜色に染まっていき、世界中が華やかになる。

夏は水色。昼の海と同じ色をした空は言うまでもないが、心が澄みわたっていくようで良い。また、夕方の私たちの楽しい思い出がまじったような空も良い。

秋は赤色。真っ赤に染まったもみじと、人々の情熱的な感情が見えて、とても美しい。夕日が出てくると、紅葉と同色になって、町全体が赤色の世界になるのがよい。

冬は白色。どこを見わたしても白一色になる。人のぬくもりを感じられる季節であるため待ち遠しい。だんろにともした火が白色の町に似つかわしい。


春は友情。だんだんと大きくなっていく生徒が新しい出会いをして、絆が深まっていく。

夏は青春。片思いの頃は言うまでもないが、やはり気持ちを伝えるのがよい。また、夏祭りに一緒に行くのも趣がある。花火をするのもよい。

秋は家族。大人になりたるに、一人暮らしするとて二、三日、四、五日などいそぐさへあはれなり。まいて親孝行してみんなで笑っているのはいとをかし。家族みんなで食べる物など、はた言うべきにあらず。

冬はライバル。受験は言うべきにあらず、勉強に熱心なのも、またさらでもいと寒きに火などおこして、集中して勉強するのもいとつきづきし。テスト当日になりて、カンニングなどひきょうなことをするのはわろし。

2年 扇の的――『平家物語』から

第1時 あらすじ・祇園精舎

指示 148ページ。上の写真を見て、分かったこと、気づいたことを、思ったこと、できるだけたくさん箇条書きしなさい。★1

・戦っている
・船に乗っている人がいる
・馬に乗っている人がいる
・貴族がいる
・武士がいる

平家物語を説明するキーワードが出てくるので、それを受けてあらすじを押さえる。

説明 平安時代は藤原氏、つまり貴族の時代でした。その貴族の警備をしていた武士が力をつけて貴族を倒したのが、平安時代の終わり。平家物語は、その時代を描いた物語です。

立ち往生しない授業のワンポイント解説！

★1 「わ・き・お」で全員を活動に巻き込む

向山洋一氏の有名な指示で、全員ができる活動から入る。絵を見て書くのだから、必ず全員できる。そして、指名なしでどんどん発表させるが、教師が用意した内容を、予定通りにきっちり進めようとすると、どうしても生徒の実態から離れがちになってしまう。

このように、生徒から出た意見を基に授業を組み立てることで、自然な流れで内容に入ることができる。

★2 古文の音読は短く区切る

音読練習は、できるだけ「待ち時間」を短くすることを意識する。1行ずつ追い読みや交替読みをす

指示　156ページの出典を読みます。

出典を読み、時代、作者、「無常観」というキーワードを○で囲む。

指示　150ページ。平家物語の冒頭です。★2

範読の後、1行ずつ追い読み、交替読み等で何度か音読する。

指示　できるところまで暗唱しなさい。

下の現代語訳を読む。

読点で区切りながら、古文→現代語訳で交替読みをする。

指示　古文の中から、同じ意味のことを言っている言葉を探して線を引きなさい。

- 諸行無常
- 盛者必衰
- おごれる人も久しからず
- たけき者もつひには滅びぬ
- 春の夜の夢
- 風の前の塵

説明　同じ意味がくり返されています。この考え方を漢

ることで、テンポが良くなり、緊張感を保ったまま音読できるのである。物語の場面も同じで、一文交替にすると、一人が長すぎてテンポが悪くなる。私は、句読点で区切って音読するようにしている。

★3　キーワードは与えるのではなく探させる

「無常観」というキーワードは、P156の「出典」の説明の中に書かれている。これを、教師が教えるのは簡単であるが、常に教師から「教えられる」授業を続けていると、生徒は与えられるのを待つようになる。

まずは「漢字三字で何と言いますか」と問い、出てこなければ、「教科書に書いてあります」とだけ言う。それでも見つからなければ、「P156です」とヒントを与える。少しずつヒントを出しながら、生徒が自力で答えにたどり着けるように導いてやることで、力がつくのである。

★4　教科書の記述を利用して教師の言葉を削る

「平家物語」は、時代背景の理解が重要である。そこで、事前に教材研究をするとつい、いろいろな

字三字で何と言いますか。★3 **（無常観）**

第2時 扇の的（1）

指示 **151ページ。あらすじを8行読みます。**

一斉音読する。

指示 **キーワードに○を付けなさい。**

「源氏」「平家」「義経」「屋島」「平家は船を浮かべて」「陸の源氏」など、場面が分かるキーワードが出れば良い。

指示 **ここまでのあらすじを簡単にお隣さんに説明しなさい。**★4

指示 **続き。「日暮れを」～「あると見えた。」まで読みます。**

同様に、一斉音読してからキーワードに○を付けさせる。あらすじも説明させる。

152ページの上の絵を簡略化して描かせ、「女房」「与一」「義経」と書き込ませる。（※下図）

P152～P153の現代語訳を先に音読する。

範読しながら、「折から」「竿頭」「馬のくつわ」な

話を生徒に紹介したくなり、気づけば授業時間が足りなくなっている…。そんな立ち往生を防ぐためのワザが、「教科書のあらすじを活用する」ということだ。

授業案のように、あらすじを音読し、キーワードを確認して説明させるという活動によって、最低限の歴史の流れは生徒の頭に入る。このようにすれば、教師の説明はほとんど必要なくなり、言葉を削ることができる。

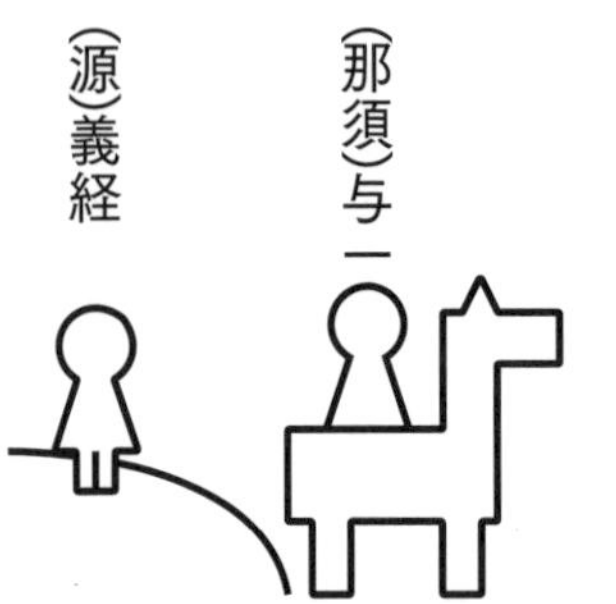

どの難語句を簡単に説明する。

指示　現代語訳を各自で1回音読しなさい。

P152〜P153の古文を範読する。

追い読み、交替読みで何度か音読する。

発問　与一の挑戦は簡単ですか、難しいですか。（難しい）

指示　難しいと思う理由を書きなさい。★5

・的が小さい、遠い、動いている

・風が強い

・プレッシャーが大きい

・失敗したら自害

・暗い

発問　与一が「失敗したら自害する」と考えているのはなぜですか。

・義経の命令だから

・プライドがあるから

・源氏の恥になるから

説明　命より名誉を重んじる武士の生き方が分かる場面です。ちなみに、自害（切腹）というのは、斬首

★5　生徒が気づきにくいポイントを引き出す

与一の挑戦が難しい理由として、「暗い」という答えは、なかなか出ない。直接の記述がないからだ。

私の場合、「先生は、あと一つあるんだけどなぁ〜。みんなは分からないかな〜？　じゃあ、答え言ってもいい？」などとあおる。そうすると、生徒は必死に探し出す。それでも出なければ、「最初の文をもう一度読みます」と、範囲を限定して考えさせる。

教えてしまうのは簡単であるが、できるだけ生徒の力で答えにたどり着けるように引き出してやるような指導を心がけている。

★6　現代語訳を先に音読する

本教材の平家物語には全文現代語訳がついているが、私は現代語訳を先に音読する。

以前は古文を先に音読していたが、少しでも内容を知った状態で音読した方が読みやすいのではないかと考え、今では現代語訳を先に音読している。

★7　具体的な記述を押さえてから用語を教える

「対句」を教える場面で、まず「対句とは……」

（首切り）と違って、自ら責任を取って死ぬ、名誉ある死に方です。

第3時 扇の的（2）

P154の現代語訳「与一は」～「はやし立てた。」まで音読する。★6

発問　与一の挑戦は成功ですか、失敗ですか。（成功）

古文を範読、追い読み、交替読みで音読する。

発問　この場面で対比的に描かれているもの・ことは何ですか。★7

・かぶらと扇
・平家と源氏
・夕日と扇
・夕日と白波

発問　「かぶらは海へ入りければ」に対応している部分はどこですか。

・扇は空へぞ上がりける

説明　このように、文の構成が同じで中身が対応している表現を「対句」と言います。

と説明してから、「本文の中で対句を探しなさい」という流れの授業がよくある。このように「用語から入る」授業は、教師が説明しやすいというメリットはあるが、その反面、あまり知的な活動が生まれない。

用語は「記号」である。記号はラベルであり、具体的な内容ではない。だから、生徒にとってはわかりにくい場合が多い。ラベルと内容が頭の中でつながっていなければ、記号だけを理解することは難しいのである。

より分かりやすいのは、具体的な内容である。したがって、この場面では、まず「かぶらは海へ入りければ」と対応している箇所を探させ、それを押さえた上で、「これを対句と言います」とラベリングするのである。

「抽象から具体」ではなく、「具体から抽象」という方向で授業を組み立てるのがコツである。

★8　発問と指示はセット

上の授業案では、紙幅の関係で発問のみを示して

指示　**この場面でほかに対句を探しなさい。**

・「沖には平家～」と「陸には源氏～」など

第4時　扇の的（3）

現代語訳「あまりの」～「あった。」まで音読する。

発問　**「御定」とは「御命令」ということです。どんな命令ですか。**★8

・年の頃五十ばかりの男を射殺せ

発問　**誰が誰に命令したのですか。**

・義経が与一に

「義経の命令」を、「伊勢三郎義盛」が、「与一」に伝えたという点を押さえる。

古文を範読、追い読み、交替読みで音読する。

発問　**男はなぜ舞を舞ったのですか。**

・与一が扇の的を射抜いたことに感動したから

発問　**この場面で対比的に描かれているもの・ことは何ですか。**★9

・与一と五十ばかりの男

・「平家の方には～」と「源氏の方には～」

いることが多いが、実際の授業では、発問の後に作業指示を出している。

たとえば上の発問の場合、「どんな命令ですか」という発問の後に、「ノートに書きなさい」と指示する。いきなり書かせるのが難しいクラスならば、「命令の内容が書いてあるところを指で押さえなさい」と指示して隣同士で確認させる。あるいは、「お隣さんに言いなさい」という場合もある。

どのような指示が適切かは、クラスの実態やその時の様子によって変わるが、いずれにしろ「発問と指示はセット」というのが授業の基本である。

→「立ち往生しない」授業の原則①

★9　教えた内容を活用する場面を作る

教えたことを教えっぱなしで、定期テストの時に出題して「できない」と嘆く教師がいる。教えただけで、それを定着するための学習活動を入れなければ、当然、定着率は悪い。

ここでは、さっき「対句」を学習したので、それ

・「あ、射たり」と「情けなし」

発問　対句になっているのはどこですか。

・「平家の方には～」と「源氏の方には～」

発問　義経が「男を射よ」と命令したのはなぜですか。

自由に考えさせる。

・舞を舞っている男が源氏を馬鹿にしているように感じたから

・命を懸けた戦だと思い知らせるため

・扇を射たのがまぐれではないと証明するため

第5時　弓流し

P156のあらすじを音読する。その際、キーワードに○を付けさせて、あらすじを隣同士で説明させる。

下の現代語訳を音読する。

発問　義経の弓はどんな弓ですか。

・弱々しい弓

古文を範読、追い読み、交替読みで音読する。★10

発問　義経はなぜ命懸けで弓を拾ったのですか。

を活用して本文から探す活動を入れている。これによって、学習した内容を復習して定着させることができるのである。

ちなみに、「対句」と「対比」は似ているが、異なる概念である。「対句」は、語句の構成（文の形や長さ）がほぼ同じもので、「壁に耳あり障子に目あり」を例に挙げると分かりやすい。「対比」はそれよりも広い概念で、文の形や長さが違っていても、内容的に対になっていれば対比として捉えることができる。上の例で言えば、「あ、射たり」と「情けなし」は、外形は異なるが、内容的に逆のことを言っているので対比だと考えられる。

★10　音読を先にするから発問が成り立つ

義経の弓は、古文では「尫弱たる弓」と書かれている。これでは意味が分からない。だから、古文を読んだだけで「どんな弓ですか」と発問しても、生徒は全く分からず、授業が立ち往生する。現代語訳を先に読むことで、生徒が古文の意味が分かった状態となり、授業がスムーズに進められる。

・敵に拾われて馬鹿にされたくなかったから

発問　それは何のためですか。★11

・源氏の大将としての名誉

発問　与一が「扇の的を射よ」という義経の命令を引き受けたのは何のためですか。

・源氏の名誉を守るため

発問　義経が、「年五十ばかりの男を射よ」と命令したのはなぜですか。

これは確定できないが、「面白半分のパフォーマンスを許せなかった」という見方が出ると良い。

説明　「舞を舞う」というのは貴族の文化です。命を懸けた戦の場に、貴族的な余興を持ち出した平家のやり方が、武士として許せなかったのかもしれません。

指示　平家物語から読み取れる「武士の生き方」についてまとめて書きなさい。

★11　単元を貫く教材観を持って指導する

教科書の文章は、ただ羅列されているのではなく、何らかのロジックで配列されている。

光村教科書の「平家物語」で言えば、それは「武士の名誉・プライド」だと、私は考えている。したがって、その視点で単元全体を組み立てているのである。第1時の与一の挑戦、第4時の義経の命令、第5時の義経の行動、すべてを貫く「武士の名誉・プライド」という教材観を教師が持って指導することで、生徒が単元全体を一貫したロジックで理解することができると考えている。

もちろん、それは教師の解釈だから、生徒に押しつけるわけではない。あくまで「そういう捉え方もできる」という形で指導するのである。そして、最後には自分の考えをまとめさせることで、自分なりの捉え方を整理させる。

2年『君は「最後の晩餐」を知っているか』布施英利

第1時 音読・情報の蓄積

指示 いきなり読みをします。間違えたり詰まったりしたらバトンタッチです。★1

リレー形式で一人ずつ立って読ませる。間違えた瞬間、「アウト！ 残念！」と明るく言って次の生徒に交替させる。

指示 P173の絵を開きなさい。

発問 この絵を見て、分かったこと、気づいたこと、思ったことをノートに箇条書きで書きなさい。★2

指示 指名なしで発表します。

・ナイフを持った手がある
・驚いている人がいる
・真ん中の下に窓みたいなのがある
・サンダルみたいなのを履いている
・誰も食事をしていない

立ち往生しない授業のワンポイント解説！

★1 「間違えた方が良い」という趣意説明が重要

中学生は間違えることを非常に恐れる年齢である。発表の声が小さくなるのは、それも一つの原因である。だから、音読の練習不足で失敗することも不安に感じている。「いきなり読み」では、その不安を逆手に取って、「いきなりだから、間違えて当たり前」という趣意説明をするのである。

「間違えるのが当たり前。だから、どんどん間違えなさい。間違えれば、みんなの勉強になります」と言って、間違えることを奨励するのである。

そして、実際に読み間違えたら、教師がとことん明るく「残念！」と笑顔で言って、「○○さんが間違えたおかげで、みんなが読み方を確認できた！

・外が明るい
・部屋が暗い

第2時　**要約（1）**

指示　**段落番号を付けなさい。（全部で21段落）**

発問　**本文を三つに分けなさい。**

分かりにくいが、5段落の前が1行空いている。17段落の前も1行空いているので、そこで分ける。

発問　**三つの部分をそれぞれ何と言いますか。**★3

「序論」「本論」「結論」である。

・1～4段落…序論
・5～16段落…本論
・17～21段落…結論

指示　**序論の要約をします。序論の内容を20字以内でノートに書きなさい。**

書けたら持って来させてノートチェックをする。板書させ、端から順に発表させる。

発表させたら、一つずつ採点していく。点数は10点満点である。説明はせずに、採点だけする。★4

ありがとう！」と言って価値づける。それをくり返すことで、「間違えることには大事な意味がある」ということを教えていくのである。

★2　情報の蓄積は「わ・き・お」が有効

「分かったこと、気づいたこと、思ったことを箇条書き」という、向山洋一氏の有名な指示である。

「分かったこと」は解釈したことを書くので、少しレベルが高い。「気づいたこと」は見つけたことを書けば良いので、割と簡単である。「思ったこと」は、頭に浮かんだことを何でも書けば良いので、一番書きやすい。つまり、「わ・き・お」は、だんだん「書きやすい順」になっているのである。このように、誰でも取り組める指示で作業させることで、全員が意見を書いて発表できる。

★3　既習事項を想起させる

「序論」「本論」「結論」という用語は1年生で既習であるが、覚えている生徒は少ないだろう。私は、黒板に「○論」「○論」「○論」と書いて想起させることが多い。丸投げでもなく、全部教えるので

レオナルドと新しい絵画の紹介…③
それまでの絵とは違うレオナルドの絵…④
レオナルド・ダ・ヴィンチの紹介…③
分析もまた名画を味わう楽しみの一つである…⓪
レオナルドは天才だ…③
レオナルドが生み出した芸術の分析について…③
レオナルドの絵は他の絵画と違う新しいもの…③
レオナルド・ダ・ヴィンチの絵について…③
「最後の晩餐」はイタリアの名画である…0
レオナルドの紹介や芸術を分析した内容…③

発問　採点のキーワードは何でしょうか。★5

点数を元に考えさせる。

「レオナルド（ダ・ヴィンチ）」はすぐに分かる。

これが3点である。

発問　4点の答えがほかと違うのは何ですか。

・「～絵」で終わっている。
説明「絵」を最後にしてあれば、1点です。あと二

もなく、ヒントを提示して全員に思考させる簡単で便利な方法である。

★4　評定は教師が断言するから盛り上がる

評定する時に、「これはいいと思う？」と生徒に聞きながら進める授業もあるかもしれない。だが、それでは授業がもったりして、いまいち盛り上がりに欠ける。教師がズバリと「これは……3点！」とやるから、授業が引き締まって盛り上がるのである。

そのためには、当然、教師が事前に自分で要約を完成させておかなければならない。授業者である教師が自信を持って断言できる要約を、評定の基準として持っておくことが重要である。

★5　作業をくり返しながら教える

まず、ノーヒントで1回書かせて、それを全体の前で評定し、その上でキーワードを考えさせるという展開が向山型要約指導のポイントである。

これを、最初に教師から「序論のキーワードは、○○と○○と○○です」と教え、「最後が『絵』で終わるように書きましょう」と説明してしまうと、

つ、キーワードがあります。

指示　もう一度、要約を書きなさい。

2回目に挑戦させる。同様に、書けた生徒に板書させて採点する。★6 残りのキーワードは「科学」と「かっこいい」である。それぞれ3点ずつで、合計10点満点。模範解答は次のようになる。

〈序論〉※傍線部がキーワード
ダ・ヴィンチの科学が生んだかっこいい絵。（20字）

指示　本論を内容でいくつかに分けます。6段落の「まず」を○で囲みなさい。

発問　次に話の内容が変わるのはどこですか。

12段落「さらに」。
次は14段落「また」。
最後は15段落「このように」。
それぞれ確認しながら○を付けていく。

指示　本論1の要約をします。やり方は同じです。

ノートチェックをして板書させ、答えを採点する。

授業が面白くない。「立ち往生」はしないかもしれないが、生徒は指示された作業をこなすだけになり、知的な要素がなくなってしまうのである。評定基準は何か、という部分も含めて、作業をさせながら考えさせるから、知的な展開になるのだ。

→「立ち往生しない」授業の原則②

★6　「黒板の前でしゃべらない」ことを教える

板書している生徒が黒板の前でおしゃべりをすることがある。私は、「しゃべらないで書きなさい」と注意する。板書に慣れていない生徒は書くのが遅い。おしゃべりしていると余計に遅くなり、授業が停滞する。だから、「おしゃべりしていると時間がかかり、授業が遅れます。早く書きなさい」と促す。

あるいは、何度も書き直す生徒もいる。丁寧に書きたいのだろうが、書き直しのたびに時間がかかり、授業が滞る。そういう時も、私は「黒板消しは使いません。一発で書きなさい」と注意する。「黒板の字は、授業が終わったら消えます。今、読めれ

コツは、明るく楽しくやること。「あ〜、とってもいい答えですねぇ…0点！」という感じで、笑いを交えながらテンポ良く進める。★7

解剖で顔の表情や容貌、心の内面を描いた絵…⑦
解剖で心の動きや仕組みを絵で描いた…⑥
最後の晩餐は読むことから始めるのも良い…⓪
最後の晩餐はいろいろな手や心の動きがある…③
手のポーズや人物の構図から心の動きが分かる…③
絵を読むことで見えた手に込められた心の動き…③
レオナルドは解剖学を使って手をかいた…③
最後の晩餐を読むことから分かる見本帳…⓪

キーワードを確認する。「解剖」「研究」「心の動き（心の内面）」が3点ずつ。「絵」が1点。
満点の解答を作って終了。

〈本論1〉
解剖を研究し心の内面を描き出した絵。（18字）

ばいいのです」と趣意説明する。

他にも、字が小さすぎたり、逆に大きすぎたりする場合も授業の支障になるので、「読む人のことを考えて書きなさい」と指導する。

★7　0点の答えにも価値がある

「0点！」と言うと、たいてい、笑いが起きる。陰湿な笑いであれば生徒指導が必要だが、明るい雰囲気の笑いなら、趣意説明のチャンスである。

「0点ということは、このキーワードではないという発見ができたわけです。この答えのおかげで、クラスの考えが一歩前進したのです」と価値づける。また、「満点の答えを写しているだけでは要約の力はつきません。低い点数を連発してたくさん発見する人が、力をつけていくのです」とも語る。

いずれも、書いた生徒が「書いたのに点数が低かった」と、マイナスに受け止めないようにするための、大切な趣意説明である。

第3時　要約（2）

前回と同様に進める。慣れていきなり満点が出た。

〈本論2〉
遠近法を探究して描いた設計図のような絵。★8（20字）

本論3は簡単なので満点のみ板書させる。

〈本論3〉
光の効果を緻密に計算して描かれた絵。（18字）

16段落の内容は序論とほぼ同じなので省略する。

第4時　要約（3）

結論の要約をする。★9 満点のみ板書させる。

〈結論〉
修復により画家の意図が明快になった絵。（19字）

★8　慣れてきたらスピードアップする

慣れてくると、簡単な要約ならいきなり満点が出るようになる。そうなると、初めのようにいちいち黒板に書かせて評定する必要はなくなってくる。

そのまま「これが満点の答えです」と板書させれば良い。ただし、多くの生徒がまだ考えている段階で書かせてしまうと、「写すだけ」の生徒が増えてしまう。

そういう場合、私は、「次の場面を要約しておきなさい」と指示して、しばらく時間を取る。そして、どうしても書けない生徒のヒントになるようなタイミングで、「では、満点の人は黒板に書いて下さい」と指示するなどのコントロールが必要である。

★9　要約できるようになることが授業の目的

要約文そのものがこの授業の主たる目的ではない。もし授業時数の関係で、最後の段落まで要約ができなかったとしても、「要約の方法を学習した」という点を押さえて、授業を終わっても構わないと私は考えている。

2年 ―『走れメロス』太宰治

第1時 範読・感想

説明 長文なので先生が読みます。★1
残り時間で感想を書かせる。

・友情は大切だと思った。
・友情はすばらしいと思った。
・メロスとセリヌンティウスの友情に感動した。
・人を信じる力の強さを感じた。
・二人が殴り合う場面で強い友情を感じた。
・メロスの行動力がすごいと思った。
・セリヌンティウスは人質にされたのに怒らなかったのがすごいと思った。
・セリヌンティウスがメロスを疑わなかったのは優しいと思った。
・王の気持ちも少し分かる。
・王が「仲間に入れてほしい」と言っているので、これから良い

立ち往生しない授業のワンポイント解説！

★1 朗読CDを使わず教師が範読する

長文の教材を教師が範読するのは大変である。そこで、教科書に付属している「朗読CD」を使ってみたことがあるが、読むスピードが遅く、抑揚がないので、聞いている生徒はとにかく眠くなる。結局、机間巡視しながら、眠りに落ちそうになる生徒を起こして回ることになったので、使わないようになった。

やはり、長文であっても、教師が自分の声で、スピードや抑揚をコントロールしながら、難しい言葉はくり返して読むなど、目の前の生徒の実態に合わせて範読するのが良い。

★2 生徒の意見からキーワードを抽出する

政治をしていってほしいと思った。

第2時　感想交流

Ｐ196～Ｐ197Ｌ4まで一斉読み。その後は指名なし読みで全員読む。

前時に書いた感想を指名なしで自由に発表させる。★2

先に示したように、「友情」というキーワード、「信じる」というキーワードが出てきたので、次時の課題を提示した。

発問　この物語の主題は「友情」か。

残り12分で意見を書かせた。

第3時　主題（1）

Ｐ209Ｌ4から交替読みで音読する。

今日の課題を確認する。

発問　この物語の主題は「友情」か。

まずウォーミングアップとして、班の中で意見発表をする。その後、全体で自由に発表。

・友情があってこそ人を信じることができるから、「友情」だ。

以前の私は、単元計画をきっちりと立て、何時間目に何を扱うのかを綿密に考え、その通りに授業を進めることが多かった。

たとえば『走れメロス』ならば、まず「主役と対役」を扱い、次に「対比」を扱い、「変化（クライマックス）」を扱い、最後に主題を扱う、というようにである。

たしかに、その計画通りに進めれば、授業時数の管理もしやすいし、分析批評で扱う観点をコントロールして、効率よく教えることができる。

しかし、これだと、どうしても生徒の思考から離れた授業になりがちである。生徒は、教師が用意したレールに乗せられているように感じ、与えられた課題を受け身でこなす姿勢になってしまうのである。

そこで今は、生徒の自由な感想や分析からキーワードを抽出し、生徒の問題意識を探り、そこから授業を展開していくことが多い。

――→「立ち往生しない」授業の原則①

・この物語は、セリヌンティウスがいないと成立しないから、「友情」だ。
・信頼は友情を土台にしてできるので「友情」の方が大事だ。
・メロスとセリヌンティウスの友情は、物語が始まった時に、すでにあったから主題ではない。
・王の気持ちが「人を疑う」から「人を信じる」へと変化している。だから主題は「信頼」だ。
・主題は「友情」ではなく「心の変化」。王の気持ちが変化しているし、メロスとセリヌンティウスも相手を一度疑っている。

一通り意見が出たので、相談タイムをとって、それぞれの意見に対する反論を考えさせた。
その後、反論を含めて討論をした。★3

・友情だけでは信頼は生まれない。信頼があるから友情が生まれる。
・男は友情で成り立っている。
・たとえば先生と生徒、上司と部下など、友情がなくても信頼関係は成り立つ。だから友情が先とは言えない。
・信頼がない友情だけの友達というのは上っ面の付き合いだ。
・約束を守らない友達と友達でいられるか？　友情は信頼がないと

★3　相談タイムで発言のハードルを下げる

全体での発表が難しそうな時、私は「相談タイム」を取ることが多い。「立ち歩いても良い」「友達の意見をマネしても良い」「何か言えるようになったら座る」という指示を出し、自由に話し合える時間を作る。これによって、全体での発表に対して少しだけ抵抗を感じていた生徒が、発言しやすくなる。

全体の前で発表するというのは、教師が考える以上に、生徒にとって負荷が大きい。これは、教師であっても、大規模な研究会の場での発言が少ないことを考えれば分かる。

それに対して、「がんばれ」と言うことはもちろん大事だが、根性論だけでは弱い。発言しにくい生徒が少しでも発言できるような配慮と手立てを講じるのが、授業者の力量だと考えている。

★4　授業の最後にまとめ作文を書かせる

討論の時間になると、つい時間いっぱい意見交換をさせたいと考えるが、そうすると、まとめの時間がなくなってしまう。

成り立たない。

残り10分になったところで、まとめ作文を書かせた。[★4]

第4時　主題（2）

前時の続きで、主題について討論した。

・主題は「信じる力」だ。相手を信じるから友情が生まれる。
・メロスとセリヌンティウスは互いに信じ合っている。
・メロスは友情を守るために走った。だから主題は「友情」だ。
・P207「私は信頼に報いなければならぬ」とあって、その後に「走れ！メロス」とある。題名と同じ言葉が物語の大事な部分に出てくるので、主題は「信頼」だ。
・「人の命も問題ではない」と言っているので、友の命を救うために走っているのではない。
・「メロスは単純な男であった」とあるので、友情がなくても王への怒りだけで走ったはず。
・「いちばん嫌いなものは人を疑うこと」と言っているから人を信じるということが主題だ。
・町を暴君の手から救うために走ったので、友情のためではない。

意見交換をしている間は思考が働いているが、次の時間になれば大方を忘れてしまうのが普通である。「前の時間の続きをやります」と言っても、「どんな意見が出ていたっけ？」となってしまう。

話し合いの記憶が残っているうちにまとめ作文を書かせて、思考を整理させることが大切である。

――→「立ち往生しない」授業の原則⑨

★5　良い「意見の述べ方」を褒める

生徒が意見を言った時、その意見の「内容」を褒めることは、基本的にしない。教師が褒めると、その意見が「正解」あるいは「優れている」という価値を持ってしまうことが多いからだ。

私は、意見の「内容」ではなく「引用をしっかりしている」や「根拠を具体的に挙げている」などの「意見の述べ方」を褒めるように心がけている。

――→「立ち往生しない」授業の原則⑧

★6　生徒の意見から、次の展開につながる意見を

・P200「二年ぶりで相会うた」というところで、事情を語っただけでセリヌンティウスが分かってくれたのは、メロスを信じているから。★5

・P202「殺されるために走る」と言っているのは、友の命を救うために自分が殺されるということ。

・P206「友と友の間の信実」というのは、友情のことだ。

論点が、「メロスは何のために走ったのか」という部分に集まってきたので、次の課題を示した。

発問　**メロスは何のために走ったのか。**★6

意見を書いてくることを宿題にした。

第5時　走る目的（1）

P202L16～P203L13まで音読。

その後、書いてきた意見を隣近所で発表練習してから全体で発表。

・王に「人を信じてもいい」ということを見せたかった。

・愛と誠の力を知らせるため。

・「王に信実の力を見せつけるため」の以前に、友を救うために走った。

取り上げる

教材研究の段階で、「メロスは何のために走ったのか」という課題（発問）は考えていた。だが、これを教師から一方的に出すだけでは、生徒の意見が反映された討論にならない。

だから、意見発表の中から「メロスが走った目的」について触れた意見が出てくるのを待ったのである。

生徒の思考に沿った発問をその場で出すことで、自然な流れで討論を進めることができる。

→「立ち往生しない」授業の原則⑨

★7　シンプルな言葉でくくって整理する

ここでは3種類の意見に整理しているが、当然、これも教材研究の段階で整理しておくのである。

そしてこれも、教師から一方的に示すのではなく、生徒の意見を整理する形で示すことで、授業が自然な流れになる。

意見を整理する時は、少し強引でもいいので、分

・王に信頼の力を見せるため。（P203L6「私を待っている人があるのだ。…信頼に報いなければならぬ。」）
・自分の名誉と成長のため。（P198L18「若い時から名誉を守れ」）
・P198L16「身代わりの友を救うために走るのだ。」から、友を救うため、つまり友情のために走っている。
ここで、いったん意見を整理した。★7

説明　今、「走る目的」として出てきた意見は、3種類に分けられます。
①王に信実を見せつけるため
②友の命を救うため（友情のため）
③自分の名誉のため
もちろん、三つともあるのですが、このうちどれが一番強いかを考えます。

簡単に、①王のため、②友のため、③自分のため、として挙手で確認した。★8
①王のため…14人
②友のため…12人
③自分のため…3人

かりやすくカチッとした言葉でまとめるのが良い。まとめる言葉が長いと、うまく整理できないので、その後の討論がやりにくくなるのである。

★8　意見を決めるから頭が働く

挙手というのも、重要な学習活動である。どれかを選んで挙手するという活動が、思考を促すのである。

慣れないうちは、挙手しない生徒や、迷って時間がかかる生徒もいる。それが普通である。そういう場合は、「とりあえず、どれかを選びなさい」と言う。「後で意見を変えてもいいです。まずは決めることが大事です」と言って決めさせる。

文章で意見を書くことは、できない場合もある。だが、「選ぶ」のは、誰だってできる。とにかく「決める」という行動が大事だ。「考えるから意見が決まる」のではなく、「意見を決めるから頭が働く」のである。

――→「立ち往生しない」授業の原則④

残り10分で意見を書かせた。

第6時　走る目的（2）

書いてきた意見を発表する。★9

・王のため。最初は人を疑っていた王が、最後には人を信じるようになった。変化が大きい。

・自分のため。P207「義務遂行の希望」や「名誉を守る」とあり、自分の気持ちを晴らすためという目的が大きい。

・自分の名誉のため。もし約束を果たせなかったら、王に信頼を見せることができない。友との友情もなくなってしまう。つまり、自分の名誉が崩れてしまう。

・P207L13「正直な男のままにして死なせてください」と言っているので自分のため。

・P202L7「メロスの弟になったことを誇ってくれ」とP207L13「私は生まれたときから正直な男であった」から、正直なことに誇りを持っている。だから自分の名誉のため。

・友のため。最後に「途中で一度、悪い夢を見た」と言って謝罪のために殴らせている。これは友情が大事だから。

・王のため。メロスは「単純な男」なので、王にバカにされるの

★9　発表中の意見は整理せずに板書していく

本来であれば、生徒が自分で板書するのが望ましい。だが、生徒の板書で討論を組み立てるのは非常に難しい。特に、授業が進んで、意見が長くなってきた時には、板書に時間がかかり、板書しただけで時間がいっぱいになって、意見発表の時間がほとんどないという事態に陥ってしまう。

私は、生徒に発表させている間に、自分がキーワードを黒板にメモするようにしている。そして、生徒にも、黒板を参考にして自分のノートにメモするように言っている。

──→「立ち往生しない」授業の原則⑨

★10　出てきた意見から、次の展開を組み立てる

この時間では、「王の変化」について触れた意見が出ているが、「メロスの変化」について触れた意見は出なかった。

本来、授業として扱いたいのは「メロスの変化」である。だが、ここで「メロスの変化」を問うの

がくやしくて、友情と信頼の力を見せつけるために走った。

・王のため。二人の信頼が王を変化させた。

・P207「私は信じられている」から、王に信頼を見せつけるため。

・妹の結婚式を挙げるため。P199では妹のために走っているが、後半は友人のために走っている。

王の変化について触れた意見がいくつか出てきたので、次の課題を提示した。★10

発問　王は変化していますか。

これは、全員「変化している」と言う。

そこで、次のように説明した

説明　物語では、普通は主役が大きく変化します。
この物語では、王は明らかに変化していますが、メロスはどうでしょうか。メロスが変化していないのならば、王が主役ですか？

生徒は、それはおかしいという反応をする。

ならば、メロスの変化について考えなければならないと説明し、次の発問をした。

発問　メロスは変化していますか。

は、唐突な感じがして不自然である。

「教師が教えたいこと」を中心にするのではなく、「生徒が学びたいこと」を中心にすることで、生徒が主体的に参加する授業になるのである。

ここでは、主役の定義について確認し、王だけが変化しているとした時の矛盾点を指摘した上で、メロスの変化について検討させる流れを作っている。

★11　原稿用紙をどっさり用意する

この時の勤務校では、学校名の入った原稿用紙を使っていたので、国語科で大量に作ってもらい、それを教室に持ち込んでいた。

最初に2枚ずつ配り、3枚目以降は教室に置いてある原稿用紙を自由に持っていって書くように指示した。

この時、「何枚書けばいいんですか？」と聞く生徒が必ずいる。私はニヤリと笑い、「じゃあ、百枚ね（笑）」と言う。生徒は「えっ!?」と言うので、「何枚書けるかどうかは、人それぞれです。自分が書けるだけ書けばいいのです」と説明する。

意見をノートに書かせた。

第7時 ~ 第10時 評論文

討論の予定であったが、授業時数の関係で「メロスの変化について」の討論はできなかった。第7時に評論文の書き方を説明して原稿用紙に書かせた。★11

評論文の書き方は次の通り。

・1枚目に題名、氏名、目次を書く。

・目次の立て方は自由。自分の書きやすい項目を立てれば良い。

・2枚目から本文を書いていく。

目次が書けたらチェックし、書けた生徒から本文を書かせた。書く時間を授業で3時間とって、まだの生徒は後日出すように伝えた。

次ページに、生徒が書いた評論文の一部を紹介する。

生徒が書いた評論文の全文はコチラ↓

そして、「参考までに」と言って、今までに担当したクラスの最高枚数を紹介して、挑戦させる。

1　初めて読んだ感想

私は、まず最初にメロスとセリヌンティウスの友情にとても感動した。お互いを殴りあえるほどの強い友情を築いている二人だからこそ、メロスは走り続け、セリヌンティウスは人質になることに文句も言わなかったのだと思った。クラスの人の感想も私と似たような感想が多かった。

2　主題は何？

私やクラスの人の感想では、「友情」という言葉が多かった、しかし、主題は「友情」だ、となると、私は少し違うと感じた。確かにメロスとセリヌンティウスの友情は感動的だった。でも、メロスとセリヌンティウスの友情だけでは内容が浅いのではないかと思った。だから私は主題は「信頼」だと考えた。なぜなら、王の心をかえたのは、メロスとセリヌンティウスの深い友情によってかわったから。深い友情とは信頼の積み重ねによってできたものだと思う。だから、信頼によって王の心がかえられたのだと考えた。

また、王の心がどう変わったのかという部分にも理由があると思った。王は人を信じることができなかったのが人を信じることでできることがたくさんあると分かったから、主題は「信頼」だと考えた。

教科書203ページの8行目からの文章で、「私は信頼に報いなければならぬ。今はただその一事だ。走れ！メロス。」という言葉が使われている。私は、この場面は物語の中の「転」、つまり最も話が盛り上がる大切な場面だと考えた。そんな場面でこのように、「信頼」という言葉を使っていることから、「信頼」を一番伝えたいのだと思った。また、「走れ！メロス。」という部分は題名と同じであると分かる。このことから、この文章の前後に注目すべきだと考えた。よって、203ページの8行目からの文章も「信頼」に関する内容なので私は主題は「信頼」だと考えた。クラスの人の意見では、「友情」「心の変化」「約束を守る」などが出てきた。

3年 『握手』井上ひさし

第1時 **音読**

P14L1「上野公園に」～P15L14「引っ張り出した。」を一斉読み。

同じ範囲を隣と交替読み。★1

発問 **主役は誰ですか。（わたし）**

発問 **対役は誰ですか。（ルロイ修道士）**

※「対役」が分からなければ登場人物を問う。

発問 **場面はどこですか。**★2 **（上野公園に古くからある西洋料理店）**

発問 **いつの場面ですか。（桜が散った後。5月頃）**

発問 **「わたし」と「ルロイ修道士」はどんな関係ですか。それが分かるところに線を引きなさい。**★3

・P14L12「中学三年の秋から高校を卒業するまでの三年半、わたしはルロイ修道士が園長を務める児童養護施設の厄介になっていた」

立ち往生しない授業のワンポイント解説！

★1 読語句は一斉読みで読み方を確認する

この範囲には「葉桜」「十戒」「幾つか」など、読み方がやや難しい語句が含まれている。そこで、一斉読みで読み方を押さえた上で交替読みをさせる。

★2 生徒の実態に応じて作業指示を選択する

ここでは場所、時、二人の関係を問うているが、一つずつ全部ノートに書かせて答えさせると、時間がかかる。時間がかかっても丁寧に作業させたいクラスの場合は、それで良い。あるいは、「線を引く」だけで良い場合もあるだろう。レベルの高いクラスなら、口頭で確認するだけでも良い。

★3 発問の言葉は厳密に

「わたしとルロイ修道士の関係に線を引きなさい」

※「児童養護施設」の説明は、教科書の脚注で確認する。

説明　**「わたし」と「ルロイ修道士」が再会する場面から物語が始まっていましたが、ここからが、二人が初めて会った場面になります。**

P15L15「風呂敷包みを」～P16L1「腕がしびれた。」を1回範読する。

同じ範囲を立って1回、座って1回音読。★4

説明　**ここまでが、二人が初めて会った場面です。ここから、また再会の場面に戻ります。**

P16L2「だが」～P16L5「プレーンオムレツが置かれた。」を1回範読する。

同じ範囲を立って1回、座って1回音読。★5

説明　**この後、現在の場面と過去の場面を行ったり来たりしながら、物語が進んでいきます。**

指示　**先生が読みます。目で追いながら聞いて、「現在」から「過去」、または「過去」から「現在」に場面が変わったときに、黙って手を挙げなさい。**★6

では、授業が混乱することが予想される。二人の関係を明確に示した言葉がないからだ。そのため、「それが分かるところに」という言葉を入れている。

★4　変化のあるくり返し

1回目は一斉読み＋交替読みだったので、範読＋各自読みにしている。少しずつ変化を付けてくり返すことで、活動がマンネリ化しないように配慮する。

★5　「立って1回、座って1回」で時間調整

私はこの指示をよく使う。これは、「2回読む」という指示とは意味合いが違う。1回目を読み終わった生徒が座り始めると、立って1回目を読んでいる生徒と座って2回目を読んでいる生徒が混在する。これによって、「読むのが遅い生徒」が目立たなくなる。だから、全員座った（1回目を読み終わった）時点で、「そこまで」と打ち切るのである。

★6　範読を聞く時も何らかの活動を仕組む

長文をただ範読していると、ボーッとする生徒が出てくる。教師が一生懸命読んで、ふと見たら何人も突っ伏していた、などということもある。適度な

【この後の場面転換】
・P16L16「日本に〜」…ここから過去
・P17L14「日本人は〜」…ここから現在
・P19L9「翌朝、〜」…ここから過去
・P19L13「ルロイ先生〜」…ここから現在
・P24L4「上野公園の〜」…ここから「現在」よりさらに未来に場面が飛んでいる
※場面転換かどうか微妙なところもある。教師の判断で決めれば良い。

発問　この物語の題名は何ですか。[★7]**（握手）**

発問　物語に、握手の場面は何回出てきますか。

数えさせる。「3回」である。

以下の「握手の場面」を一斉読みする。

①P15L15「風呂敷包みを」〜P16L1「腕がしびれた。」

②P16L2「だが、」〜P16L5「プレーンオムレツが置かれた。」

③P22L12「ルロイ先生、」〜P24L3「必要はなかった。」

作業指示を出して、活動させながら範読を聞かせるという方法を知っておくと良い。

──＞「立ち往生しない」授業の原則③

★7　反応する生徒をほめる

簡単な発問をした時に、即座に答える生徒がいる。中学生ともなると、発言しないことが当たり前になってくる。その中で、声を出して反応するということは、活発な授業をする上で重要なことである。

私は、そういう生徒には「反応してくれてありがとう」と言う。「授業というのは、そうやって、反応を返すことで温まっていくんだよね」と価値付ける。これは、長谷川博之氏から学んだ対応である。

★8　授業で扱う場面は音読して確認する

発問や指示を出した後に、どこを読んでいるのかが分かっていない生徒が必ずいる。だから、授業で扱う範囲を確認することが大切である。それも、「説明」ではなく「活動」で、確認するのである。

★9　ネーミングで意味を問う

説明　**これらの握手の違いについて考えていきます。**

第2時　握手の意味

前時に読んだ3回の握手の場面を再度音読する。★8

発問　**握手①に名前を付けます。**

「〇〇の握手」と考えて書きなさい。★9

【握手①】

「出会いの握手」「歓迎の握手」「よろしくの握手」

発問　**この握手にはどういう意味があるのですか。ノートに書きなさい。**

・初めまして、よろしく、という意味

・安心してほしいという意味

発問　**握手②と握手③も、同じように名前を考えなさい。**★10

【握手②】

「再会の握手」「久しぶりの握手」

【握手③】

「感謝の握手」「別れの握手」

発問　**握手②と握手③には、どういう違いがありますか。できるだけたくさん書きなさい。**

「〇〇の握手」と名前を付けるには、その握手の意味を考えなければならない。つまり、「この握手はどういう意味か」という発問を含んでいる。

教科書P24の「学習」にも「三回の握手に込められた二人の思い」を考える課題が載っているが、これをそのまま問うのは難しい生徒もいる。そこで、まずはネーミングするという簡単な活動を入れた上で、意味を考えさせるという2段階で進めている。

★10　活動は例示しながら小刻みに

授業が立ち往生する原因の一つに、「何をやるのか」と「どのようにやるのか」の混在がある。

「何をやるのか」つまり学習の「内容」と、「どのようにやるのか」つまり学習の「方法」が、同時に生徒に示されると、特に低位の生徒にとっては負荷が大きく、立ち往生することになる。

それを防ぐ方法は、「例示」と「小刻みなステップ」である。今回の授業では、まず「握手①」に「〇〇の握手」と名前を付けるという学習内容を扱っている。次に、「握手」の意味という学習内容

※「握手②は……だが、握手③は……。」という形で書かせる。

・握手②は穏やかだが、握手③は激しい。

・握手②はルロイ修道士からしているが、握手③はわたしからしている。

発問　二つの間には、決定的な違いがあります。何でしょうか。

握手②は「握手」と書かれているが、握手③は「握手」と表現されていない。

※生徒から出なければこちらから説明する。

発問　なぜ握手③は「握手」と表現されていないのか、その意味を考えて書きなさい。★11

・普通の握手とは違うから。

・いろんな意味が込められているから。

※自由に解釈できる。全ての意見を認めてほめる。

第3時　人物像

発問　あなたはルロイ修道士の生き方からどんなことを学びましたか。書ける人は自由に書きなさい。難

を扱っている。その上で、「握手②」と「握手③」も同じ「方法」で取り組ませている。

このように、学習の「内容」と「方法」を分けて考え、細分化したステップで授業を進めることで、立ち往生を防ぐことができる。

――＞「立ち往生しない」授業の原則②

★11　最後はオープンクエスチョンで終わる

私の場合、文学作品の授業は上記のようなオープンクエスチョンで終わることが多い。正解がなく、自由に考えられる課題で終わることによって、作品の解釈は自由だということを示したいからである。

★12　自分で書ける生徒にも書けない生徒にも配慮

作文の課題を出す時に「型」を示すことは非常に大切である。「自由に書きなさい」と言っても書けない生徒にとっては、「型」に沿って書けることが安心材料になる。逆に、自分で書く力のある生徒にとっては、「型」が、妨げになる場合もある。

「型」を示しつつ、書ける生徒は自由に書いても良いとすれば、幅広い生徒に対応した授業になる。

★13　根拠を示して解釈を述べる

・○ページ○行目に「……」とある→根拠
・これは……という意味だ→解釈

とセットで述べる型は非常に重要である。

解釈を述べる部分を指導しないと、「教科書に……と書いてあるから」だけで理由を説明したと思ってしまう生徒がいる。これは、根拠を挙げただけで説明になっていない。根拠について解釈を加えることで、考えを説明したことになるのである。

――→「立ち往生しない」授業の原則⑧

しい人は黒板の例を見て書きなさい。[★12]

（板書例）
私は、ルロイ修道士の生き方から、……ということを学んだ。
○ページ○行目に「……」というルロイ修道士の言葉がある。この言葉は、……という意味だ。私はこの言葉から、……ということを考えた。私はこれからの人生で……。

〈他の生徒作文[★13]〉

私は、ルロイ修道士の生き方から、人を差別してはいけないということを学んだ。

17ページ6行目に「ルロイ先生はいつまでたっても優しかった。そればかりかルロイ先生は、戦勝国の白人であるにもかかわらず敗戦国の子供のために、泥だらけになって野菜を作り鶏を育てている。」と書かれている。

これは、ルロイ先生は人種差別をせずに誰にでも優しく接していたということだ。

私はこのルロイ先生の行動から、人種差別をしないからルロイ先生は皆の信頼を集めたのだと考えた。私はこれからの人生で、どんな人種の人に対しても、差別をせずに接していこうと思う。

3年 ― 学びて時に之を習ふ――『論語』から

第1時 概要・音読

指示 28ページ。音読します。

題名、解説を追い読みする。

指示 座ったまま1回音読しながら、大事なキーワードを○で囲みます。★1

1文目で練習する。

発問 たとえばどれが大事なキーワードですか。

「論語」「孔子」などが挙がる。○を付けさせる。

説明 キーワードは人によって違っていいのです。自分が大事だと思う言葉を探しなさい。★2

できたら発表させる。

指示 発表を聞いて、自分も大事だと思ったら○を付けておきなさい。

指示 論語とは、どういう書物ですか。今押さえたキーワードを使って、友だちに説明しなさい。★3

立ち往生しない授業のワンポイント解説！

★1 音読を単なる作業にせず知的な活動にする

音読は大切な学習活動であるが、何度もくり返していると、そのうち単なる「作業」になって飽きてしまう場合がある。音読しながら思考を伴う活動を組み込むことで、単なる作業になってしまうのを防ぐことができる。

★2 活動の目的を理解して指導する

目的は、○を付ける活動を仕組むことで、文章をよく読ませて内容を理解させることである。○を付けた言葉がキーワードとして適切かどうかを厳密に検討するのが目的ではない。

★3 定着させるためにアウトプットを多くさせる

知識の定着には反復が必須であるが、「インプッ

しばらく説明し合う時間を取る。

・論語は中国の思想家、孔子の言葉を、弟子たちが残したものです。人間の生き方についての観察や思索が込められています。

指示　四つの言葉を音読練習します。

一つ目の「学びて時に―」（書き下し文）を、追い読み、交替読み、隣と交替読み、各自読み等で何度も練習する。

列指名で音読させる。全体の前で読む状況を作ることで、しっかり練習させる。

続けて、残り三つの言葉も同じように練習する。

指示　次は漢文を見ながら読む練習をします。訓点が付いている漢文を、指で追いながら一緒に読みます。

「学びて、時に、之を、習ふ」というふうに区切りながら、指で読む順番を確認して読ませていく。

最後まで読んだら、各自で同じように練習させる。★4

指示　お隣さん同士で、指で追いながら読むのを見せ合いなさい。

残り三つの言葉も同じように、漢文を訓点に従って

トの反復」だけで終わっているケースもよくある。「インプットの反復」とは、たとえば、何度も音読したり、ノートに写して覚えたりすることである。

知識を定着させるためには、「アウトプットの反復」が必要である。インプットした知識をアウトプットする活動をくり返し入れることで、記憶が強化される。学習に有効なインプットとアウトプットの比率は「3対7」と言われている。

この授業場面で言えば、キーワードを探して覚えるインプットが1分、友達に説明するアウトプットが3分というイメージである。生徒にも、「そうやって自分で説明する練習をすると、理解が定着します。」と趣意説明をすると良い。

★4　訓読の練習は動作を入れて活動的にする

漢文の訓読は、返り点で戻りながら読むため、目線が不規則に移動する。従って、読み方が分からない生徒にとっては、非常に難度が高い。

そこで、読む字を指で押さえながら、順番にゆっくり読んでいく。これによって、レ点や一・二点な

読めるように練習する。

指示 31ページの解説を読みます。「訓読の方法」を音読し、「白文」などの用語を○で囲ませる。

「返り点の種類」は、漢文を先程と同じように指で追いながら読み、「思はざれば、で使われている返り点は何ですか?」→「レ点」のように確認していく。

第2時 漢文の意味

学びて時にこれを習ふ――

発問 最初の言葉、「子曰はく」。線を引きます。どういう意味ですか。★5

分かったらお隣さんに言いなさい。（先生がおっしゃるには）

発問 なぜ意味が分かりますか。★6（教科書の下に書いてあるから）

指示 意味が書いてある所に線を引きなさい。

指示 「子曰はく」、「先生がおっしゃるには」、さんはい。

どの返り点の仕組みを視覚的にとらえることができる。

その際、ちゃんと指で押さえているかどうかを、隣同士で確認させている。自分だけでやっていると、実は間違えていたり、できなかったりしても気づかないまま終わってしまう。教えたことができているかどうかを、こまめに確認することが大切である。

★5 子供の目線の動きを見て取る

「どういう意味ですか」と聞いた時に、サッと目線が動く子がいる。教科書の中から意味を探そうとしているのだ。そういう子を把握しておいて、次の発問で指名するのである。

★6 教科書を読めば分かるということを教える

教師が漢文の意味を説明しながら板書し、生徒はそれをひたすら写すという授業が、よく見られる。一見、授業はスムーズに進んでいるように見えるが、このような授業では、多くの生徒は、自分の頭で考えることをせず、教師から教えられた意味を覚

訓読文、意味の順に音読する。

発問　**「学びて時にこれを習ふ。」に線を引きます。どういう意味ですか。**★7

少し時間をとる。隣近所で相談しても良い。

・「学んで機会があるたびにこれを復習して体得する」

同じように脚注の意味に線を引く。（以下同様に訓読文と意味に線引きさせていく）

発問　**「これ」とは何ですか。**（学んだこと）

発問　**下の意味を参考にすれば意味が分かります。**

発問　**「また説ばしからずや」。どういう意味ですか。**★8

「なんとうれしいことではないか」（これも脚注そのままである。）

発問　**「朋遠方より来たる有り」。「朋」はどういう意味ですか。**（友達、友人）

発問　**「遠方より来たる」はどういう意味ですか。**

「遠方から来る（来た）」

意味の通じる現代語であれば良い。

説明　**「友人が遠方から来ることがある」という意味にな**

えることにエネルギーを注ぐ。その結果、「教えてもらわなければ分からない（分かろうとしない）」生徒を育てることになる。

　教師の仕事は、教師がいなくても自分で学べる学習者を育てることである。だから、「教科書を読めば意味が分かる」という経験を、意図的に積ませていく必要がある。

★7　「隣に説明」でアウトプットさせる

　教師が学び方を教えるといっても、やり方を一方的に説明して、「わかりましたね」と言って確認しても、生徒ができるようになるわけではない。

　教えた学び方を実際にやらせて、できているかどうかを確認し、できていれば褒めるなどの評価をこまめにやっていかなければ、教えたことは身につかない。

　その際に有効な指示が、「隣近所で相談」である。分からない生徒にとっては、友達に聞くことができるし、分かっている生徒にとっては、友達に説明することでアウトプットができる。

ります。

発問　**「また楽しからずや」。どういう意味ですか。**

この部分は、脚注はないが必ず意味は分かる。生徒に考えさせ、ノートに書かせてチェックする。

「なんと楽しいことではないか」★9

発問　**なぜ意味が分かりますか。**

「また説ばしからずや」の応用である。ここは意味を教えるのではなく、考え方を自分で発見させる。

発問　**「人知らずして慍みず」。どういう意味ですか。**

「世の中の人が認めてくれなくても、不平や不満を抱かない」

発問　**「また君子ならずや」。どういう意味ですか。**

「なんと徳の高い、理想的な人格者ではないか」

指示　**訓読文、意味の順に通して読みなさい。**

「子曰はく→先生がおっしゃるには」、「学びて時にこれを習ふ→学んで機会があるたびに…」というふうに通して音読する。

説明　**教科書に書かれている意味を上手く使えば、皆さんでもちゃんと意味が分かりますね。**

★8　言葉を削る

上の授業の場合、一つ目の発問では、

①最初の言葉、

②「子曰はく」。

③線を引きます。

④どういう意味ですか。

と、四つの言葉を発している。

次の発問では、

①「学びて時にこれを習ふ」。

②線を引きます。

③どういう意味ですか。

である。「教科書のどこを見るか」という言葉を削っているのである。前の言葉の続きの部分だから、いちいち指示する必要はないのである。

その次の発問では、

①「また説ばしからずや」。

②どういう意味ですか。

である。「線を引きなさい」も削っている。ここまでに2回、線を引く作業をしているから、ほとん

故きを温めて新しきを知れば――

発問　訓読文と意味に線を引きなさい。★10

指示　訓読文と意味を交互に読みます。

これはすべて意味が書いてあるので迷わない。

学びて思はざれば則ち罔し――

同様に、訓読文と意味に線を引いて交互に読む。

「子曰はく→先生がおっしゃるには」、「学びて思はざれば則ち罔し→学んでよく考えて研究しないと…」★11

発問　「則ち」はどういう意味ですか。

これは教科書に書いていない。考えさせる。

説明　「則ち」は「イコール」ということなので、無理に訳さなくても意味は通じます。だから教科書にも意味が書いてないのです。

指示　もう一度、訓読文と意味を交互に読みます。

之を知る者は――

同様に、訓読文と意味に線を引いて交互に読む。★12

「子曰はく→先生がおっしゃるには」、「之を知る者は、…→何かについて詳しく知っている人は…」

どの生徒はやることが分かっている。だから、言葉を削るのである。

このように、同じ作業をくり返す時こそ、言葉を削ることで授業のテンポが生まれるのである。

――>「立ち往生しない」授業の原則②

★9　得た知識を活用させる場面を作る

知識や技能を定着させるには、当然、反復が必要であるが、機械的な反復だけでは、実際に生きて働く知識にはならない。

「脚注を見れば意味が分かる」という学び方を身につけたら、次は、それを活用して「脚注に直接書いていない意味を推測する」という読み方を教える必要がある。その時に、「親切にしすぎない」という意識が大切だ。できるだけ、生徒が自力で解答にたどり着けるように見守るのも大事なことだ。それでも分からない生徒には、教えてやれば良い。

★10　「線を引く」という作業で視覚化させる

「線を引く」というのは単純な作業だが、効果は

これも、一つ目の言葉から推測すれば、二つ目の言葉の意味は分かる。

指示　四つの中から好きな言葉を一つ選びなさい。

指示　選んだら、さっきと同じように、訓読文と意味をお隣さんに発表します。★13

指示　その言葉を選んだ理由が言える人は理由も発表しなさい。

時間があれば全体でも数名発表させる。

指示　ノートに、選んだ言葉、意味、選んだ理由を書きなさい。★14

〈板書例〉
〈訓読文〉子曰はく、「学びて思はざれば則ち罔し…
〈意味〉先生がおっしゃるには、「学んでよく考えて研究しないと…
〈理由〉この言葉から、学ぶときにはよく考えることと先人の意見や知識を学ぶことの両方が大事であることが分かる。この言葉を自分が勉強するときに生かせると思ったので選んだ。

高い。線を引くためには読まなければならない。作業をするためには口を閉じて集中しなければならない。

訓読文と、それに対応する意味に線を引くという作業によって、「対応している」ということが視覚的に理解できるようになるのである。

★11　少しずつ負荷を上げる

「子曰はく」の意味は、最初の脚注にしか書かれていない。つまりここは、前の部分を思い出すか、前の脚注まで戻って確認するか、どちらかになる。いずれにしても、生徒にとっては少し負荷が高くなる。少しずつ負荷を上げていくことで、生徒が自力で言葉の意味を言えるようにさせていく。

★12　自力で教科書を読める姿をイメージする

ここまで来れば、クラスによっては、「同じようにやってごらん」でできる生徒も多いだろう。一から十まで教師が同じように指示をくり返していると、生徒には自力で読む力がつかない。最終的には、「教師がいなくても生徒が自分で教科書を読ん

ノートチェックをして終了する。

第3時　意見文

指示　「論語に学ぶ『勉強の心構え』」というテーマで作文を書きます。四つの言葉から一つを選んで、そこから勉強するときに大切な心構えを考えて書きなさい。

書き方の例を参考にして書いてもいいし、自分で自由に書いてもいいです。

（板書例★15）
論語に学ぶ「勉強の心構え」
○年○組○○○
勉強するときに大切なことは、……

孔子の残した「論語」の中に、次の言葉がある。

「子曰はく、……

これは、「先生がおっしゃるには……」という意味だ。

つまり、学問に向かうときには……が大切であることで理解できる」という姿をイメージすることが大切だ。

★13　低位の子に優しい「隣に発表」

いきなり「全体で発表」と言った時に、誰も発表せず立ち往生、という場面がよくある。私は、「全体発表」の前に、「お隣さんに発表」や「班で発表」「誰か○名以上に発表」などのステップを入れることが多い。間違えたりうまく言えなかったりしてもリスクが少ない場を設定することで、発表への抵抗を少しでも減らすことができる。それをくり返していくうちに、だんだん発表耐性ができていくのである。

★14　言ったことをそのまま書かせる

「お隣さんに発表したこと」をそのまま書かせるから、全員が書ける。「生徒が意見を書けない」という時、そもそも書くべきことが頭の中にないということもよくある。まずは隣同士で発表させ、できない生徒は友達のマネをすれば良い。そこまでを全体指導の中に組み込んだ上で書かせれば、後は個別

とを教えている。
私は、論語のこの言葉を知り、これから勉強するときには、……

指導の範囲内で対応できる。

★15　突然、新しい内容を書かせない

長い作文に見えるが、2段落目は論語の言葉をそのまま引用するだけであり、3段落目はその意味を書くだけだ。つまり、中身として新しく考える部分は、最初と最後の部分だけである。これは、ここまでの学習をきちんとやっていれば、理解できている部分である。

この論語の意味を学問に当てはめて考えれば、3段落目と1段落目も書ける。そして最後に、これからの思いを書くことで、作文が完成する。

このように、作文を書く時に突然新しい内容を書かせるのではなく、それまでの学習をふまえた形で、少しだけ新しい内容を載せることで、全員が書けるようになる。

3年『作られた「物語」を超えて』山極 寿一

第1時 **音読・概要**

教師と生徒で交替読み。

班でリレー読み★1

指示 **読めない字には読み方を書いておきなさい。**

説明 **音読テストをします。一人一文ずつ読みます。間違えずに読めたら合格です。**★2

残り時間でワークのまとめページをやって、概要をつかませる。

第2時 **主張のまとめ**

指示 **段落番号を付けなさい。（全部で12段落）**

指示 **各段落の一文目だけ読んでいきます。**

一斉読みで12段落まで読む。

説明 **段落の一文目には、その段落の要点が書かれていることが多いです。このような読み方をパラグラ**

立ち往生しない授業のワンポイント解説！

★1　生徒の集中力に合わせて音読方法を選択する

生徒が学習に集中している時は、長い教材でも、交替読みで最後まで音読できる。逆に、生徒の集中力が落ちていると感じたら、読み方をさまざまに変えながら、飽きない工夫をすることが必要である。

★短い音読テストに何度もチャレンジさせる

「音読テスト」というと、段落やページごとに、長い文章を一人ずつ読ませて、「スピード」や「間の取り方」などの細かい評価項目を作って評定する授業があるが、私はそのような方法は採らない。

待っている生徒が手持ち無沙汰になって授業が間延びするということもあるが、そもそも、音読は内容読解の手段であり、それ自体を評定することが目

フリーディングと言います。

指示　本文を、序論・本論・結論の三つに分けなさい。

ノートに考えを書かせて、班で話し合わせる。

発表させ、理由を確認する。★3

①…序論

②～⑨…本論

⑩～⑫…結論

・①は前置き。ゴリラの話が中心で、その前振りになっている。

・②～⑨がゴリラの話。具体例。

・⑩～⑫が筆者の主張。

説明　筆者の主張をまとめます。主張を探すときには、キーワードを手がかりにします。★4

発問　この文章の一番大事なキーワードは何ですか。

（「物語」…題名になっている。）

指示　「物語」というキーワードが入っている主張の文を探して、線を引きなさい。

・P46 L12「人から伝え聞いた『物語』と～疑ってみる態度も必要となる。」

的ではない。

厳密な評価基準を作って評定することよりも、何度もチャレンジできる場を作り、くり返しチャレンジする中でいつの間にか何度も音読練習しているということが大切だと考えている。

★3　活動の目的を明確にして指導する

序論・本論・結論に分ける活動の目的は、その作業を通して「段落ごとの役割をつかむこと」である。

したがって、厳密にどこで分かれるかという議論に時間をかけすぎると、「手段が目的化」してしまい、授業が立ち往生する原因となる。分け方はクラスの実態に応じて、細かい部分は違っても構わない。分け方を検討する中で、「具体例」や「主張」などのキーワードが出てくれば良いのである。

★4　キーワードでまとめることに慣れさせる

普段、教師の説明一辺倒の授業をしていて、本番のテストで「生徒が全然できない」と嘆く。それは当然の結果である。普段の授業から、テストに対応できる力を育てていく必要がある。

・P46L14「『物語』によって作られた〜思いを巡らすことが大切だと思う。」
・P46L20「同じように、この地球に生きる〜よく理解することが必要であろう。」
・P47L13「作られた『物語』を超えて、〜新しい世界と出会うための鍵なのだ。」
発表させ、確認して全員に線を引かせる。

指示　これらの言葉を使って、筆者の主張を簡潔にまとめなさい。[★5]

・「物語」によって作られた常識を疑い、さまざまな人々が暮らす文化や社会を理解することが大切だ。
キーワードを使って過不足なくまとめてあれば良い。

第3時　論理の展開

指示　48ページ。学習の窓を読みます。[★6]

論理の展開が図示されている。

発問　一番上は何ですか。（筆者の主張）

発問　その下は何ですか。（一般化・まとめ）

発問　その下は何ですか。（事例）

そのためには、「文中からキーワードを探す」「キーワードを使ってまとめる」という活動が有効である。国語テストの記述問題は、問題文の中からキーワードを探し出し、問いに正対する形でまとめるという作業だからである。

★5　言い換えを理解させる

「物語」というキーワードが4か所含まれた文は、同じ内容を言い換えている。
すなわち、「常識を疑うこと」「他者の文化や社会を理解すること」の2点である。従って、この2点が押さえられていれば、筆者の主張としては合格である。

書けた生徒からノートをチェックして、合格なら丸を付ける。内容が足りなければ「惜しい！」と言って返す。分からなければ友達に聞いても良い。「授業中はカンニングすれば良いのです。分からないからと言って何もしないのが、一番ダメです」と趣意説明をする。

——＞「立ち往生しない」授業の原則④

説明　つまり、ある事例を通して、「人間とはこういうものだ」と一般化してまとめ、それを基に筆者の主張を述べるということです。

前回まとめた筆者の主張を確認する。

・「物語」によって作られた常識を疑い、さまざまな人々が暮らす文化や社会を理解することが大切だ。

ここから、生徒とやりとりしながらＰ１３３の図を完成させていく。

発問　**一般化・まとめが書かれているのは何段落ですか。（8、9段落）**

発問　**人間はどういうものだと言っていますか。簡潔に書きなさい。**

・人間は「物語」を作り、仲間に伝えたがるものだ。

・人間は自分に都合の良い「物語」を作り上げ、戦いの心を抱き続けるものだ。

発問　**それは、ある事例をまとめて一般化したものです。事例は何段落にありますか。**★7

・2～7段落

発問　**人間は、何に対してどのような「物語」を作った**

★6　教科書のガイドページをうまく活用する

段落ごとに読み進めながら、教師が意味を解説していくというスタイルの授業では、一見、何の問題もなく授業が進んでいるように見えるが、生徒の国語力が育っているかどうかは怪しい。なぜなら、自ら思考して文章を読み書きする活動が極端に少ないからである。

現在の教科書は、「教材」だけでなく、その教材を「どう学ぶか」という方法が明示的に示されている部分が多い。したがって、「教科書の読み方」を身につけさせるような指導が有効である。

以前は、教師がまとめた図を元に説明することが多かったが、今は、初めから教科書に載っている図で説明することができる。これによって、授業が安定する。ただし、単にその図を「解説」するだけでは、やはり教師の説明中心の授業になってしまう。本文の具体的な記述に基づいて、発問・指示で作業をさせながら、教科書の図に結びつけていくような展開が望ましい。

のですか。

・ゴリラに対して、「凶暴で好戦的な動物である」という「物語」を作った。

説明　事例を元に一般的な形にまとめるのが「抽象化」です。一般的な考えから個々の事例を引き出すのが「具体化」です。

説明　事例の中でも、さらに抽象化がされています。

発問　何を抽象化して何になっていますか。

・「具体例」を抽象化して「意味づけ」になっている。

発問　ゴリラのどんな行動の例を抽象化して、どんな意味づけをしているのですか。

・ドラミングという行動を抽象化して、「戦いの宣言」という意味づけをした。

・ドラミングという行動を抽象化して、「気持ちを表す」という意味づけをした。

発問　どちらが本当なのですか。（後者）

説明　観察の結果、得られた行動の具体例を抽象化して、意味づけしているということですね。そして、ドラミングは「戦いの宣言」ではなく、実は

★7　何段落かを問う時は指で押さえる指示が有効

「何段落ですか」という発問の時に、初めからノートに書かせるよりも、指で押さえるという作業を間に入れた方がスムーズである。

生徒は、ノートに意見を書くことに対して、多かれ少なかれ抵抗感を持っている。答えに自信がない時はなおさらである。

「指で押さえなさい」という指示ならば、書くよりも気軽に答えられる。間違えていたら、すぐに指をずらせば目立たない。そうして、答えを確定してからノートに書くようにすれば、抵抗感は軽減される。

★8　図はできるだけシンプルに

本文の内容をまとめて図示する場合、本文が難解な上に、それを整理して示すはずの図が複雑であると、その図を理解させるために、さらに余計な説明を加えなければならないことになる。学力低位の生徒はますます分からなくなり、授業が立ち往生する原因となる。

「気持ちを伝える」という意味があったという事例をさらに抽象化して、人間はゴリラに対して「凶暴な動物だ」という「物語」を作ったというまとめ方をしているのです。

黒板に図でまとめながら説明する。★8

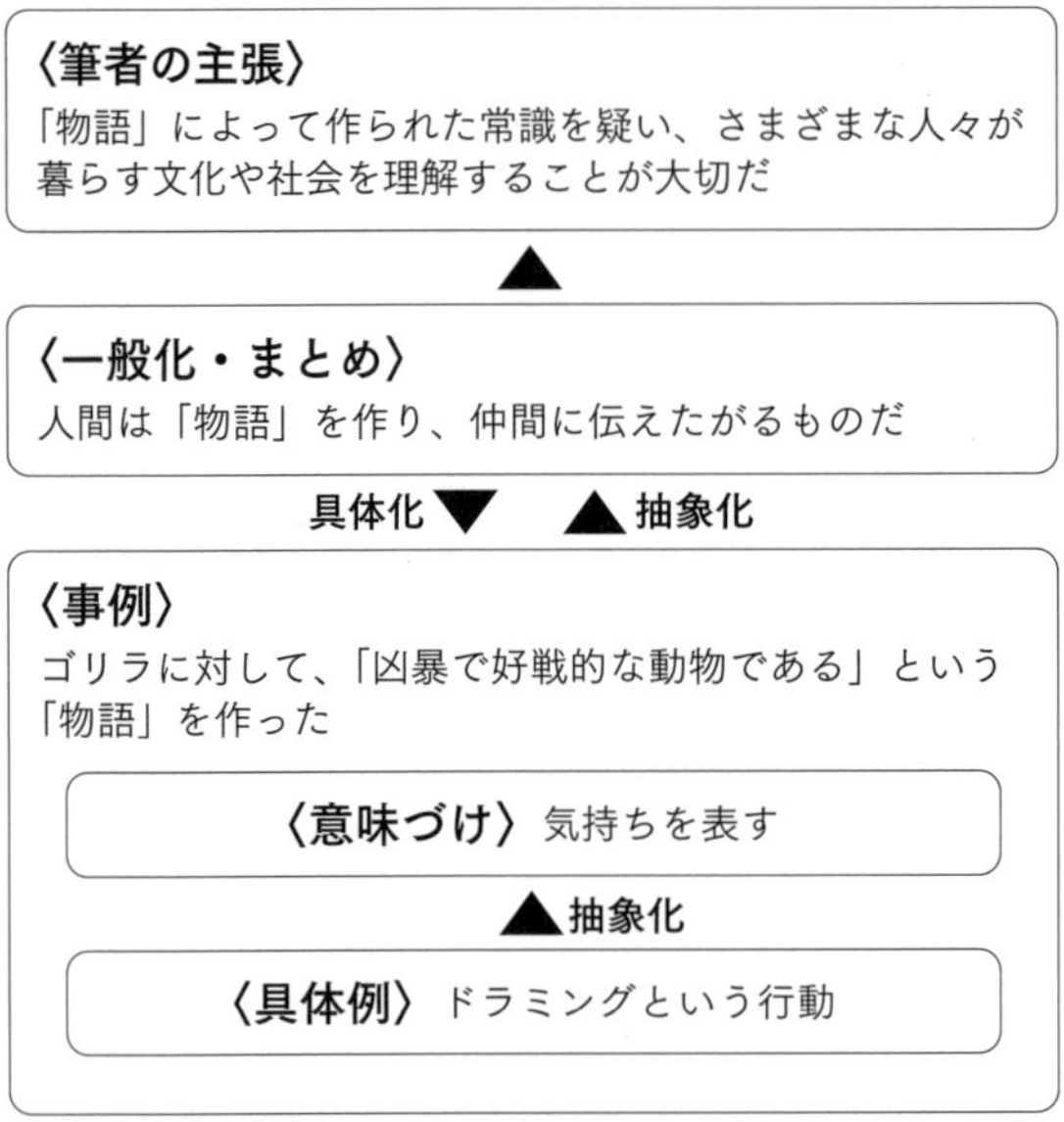

〈筆者の主張〉
「物語」によって作られた常識を疑い、さまざまな人々が暮らす文化や社会を理解することが大切だ

▲

〈一般化・まとめ〉
人間は「物語」を作り、仲間に伝えたがるものだ

具体化▼　▲抽象化

〈事例〉
ゴリラに対して、「凶暴で好戦的な動物である」という「物語」を作った

〈意味づけ〉気持ちを表す

▲抽象化

〈具体例〉ドラミングという行動

図示する時の原則は、「できるだけシンプルに」である。文字数を限界まで減らす、直感的に理解できる、他の教材でも応用できる、などの視点で、シンプルな図でまとめることに配慮する。

そして、図は最後にまとめて書くのではなく、授業を進めながら、だんだんできあがっていくようにすると自然である。そのためには、授業の最終場面でどのような図になっていれば良いのかを、事前に教材研究で確定しておくことが必要である。

3年 ―『故郷』魯迅

第1時 音読

指示 一人一文ずつリレー読みをします。

読めない漢字はその場で教え、テンポよく進める。最後まで終わらなかったら、続きは家で読ませる。

第2時 音読・場面分け

前回の続きから、残りを読んでいく。

発問 この話を三つに分けるとしたら、どこで分けますか。教科書に区切り線を引きなさい。

全体を三つに分ける。書けたら見せに来させる。意見が分かれることが予想されるが、どれも認める。解釈はそれぞれで良い。

指示 見せたら、三つの場面それぞれの内容を簡単にまとめて書きなさい。★2

教科書に線を引いて分ける所まで終了する。まだの

立ち往生しない授業のワンポイント解説！

★1 「全員参加」の一人一文リレー読み

この時の授業では、一人一文で全文を通読している。この方法の良いところは、全員が参加できることである。1時間のうちに、数回、読む順番が回ってくるため、完全に授業から離脱することはない。

だが、「故郷」ぐらいの長文になると、授業時間内に最後まで読み終わらない場合がある。この時は続きを次の時間に読んでいるが、できれば1時間の中で通読できる方法を選択するのが望ましいだろう。

→「立ち往生しない」授業の原則③

★2 空白禁止のチェックシステム

三つの場面に分けて、それぞれの内容をまとめて

生徒は、引けたら休み時間とする。

第3時　あらすじまとめ

市販のワークであらすじまとめのページを利用する。

指示　ワーク○ページ。あらすじをまとめるページをやりなさい。終わったら、前回の続き、三つの場面に分けたそれぞれの内容を簡単にまとめてノートに書いておきなさい。

あらすじまとめがだいたい終わったら、次の指示。

指示　場面分けを発表します。★3

意見は、大きく分けて二通りになる。

（1）①最初～P99L20
②P100L1～P103L11
③P103L12～最後

（2）①最初～P99L3
②P99L4～P109L7
③P109L8～最後

説明　どちらでも構いません。（1）は「現実の場面」と「回想の場面」で分けています。

書くという作業を、2段階に分けている。

こうすることで、全員の考えと進行状況をチェックすることができ、かつ、チェックが終わった生徒が時間を持て余すことがない。

生徒の作業には、必ず時間差が生まれる。作業が早い生徒に空白の時間ができないようにしつつ、遅い生徒にも作業時間を確保するというのが、授業の工夫である。

★3　場面分けの発表のさせ方

まず、挙手で発表を求める。一人が発表したら、それを板書する。そして、「ほかに意見はありませんか？」と確認する。この時に、違う意見があっても発言しない生徒がいる。中学生は、違う意見を積極的に言いたがらないのが普通である。

そこで、「ほかになければ、これで確定しますよ。これでいいんですね？」と確認する。それでも意見が出なければ、次に進めば良い。意見があっても言わないというのは、意見がないのと同じである。そのような趣意説明を、適宜入れていく。

（2）は「私」のいる場所で分けています。
解釈は人それぞれです。★4

第4時 物語の構造

「桃太郎」を例に、物語の構造について説明する。

発問 桃から生まれて大きくなった桃太郎は、何をしましたか。（鬼ヶ島に行った）

発問 鬼ヶ島で何をしましたか。（鬼退治）

発問 そしてどうしましたか。★5（村に帰ってきた）

説明 つまり、主人公が「どこかに行く」、そこで「事件が起こる」、そして「帰ってくる」という構造になっています。

同様に、「走れメロス」「千と千尋の神隠し」などの例を挙げて、主人公がどこかに行き、事件が起こり、帰ってくるという構造を確認する。

説明 これは物語の基本的な構造で、多くの物語がこの構造になっています。「故郷」も、この構造で読んでみることにします。★6

発問 「桃太郎」の場合、行って帰ってくる間に、何が変

――→「立ち往生しない」授業の原則④

★4　解釈は人それぞれ

特に文学作品の解釈は、人それぞれで良い。しかし、中学生は「正解」を求める傾向が強い。授業で扱う課題であっても、「先生、答えは何ですか？」と聞いてくることがよくある。

私の場合、そういう質問に対しては、「自分が納得できる答えが、あなたにとっての正解です。テストでは、そのような答えが確定できない問題は出ません」と答えるようにしている。

――→「立ち往生しない」授業の原則⑩

★5　教えたいポイントに絞った発問を組み立てる

構造を説明するための三つのポイントに絞って、発問を出している。これを、「桃太郎はどんなお話ですか？」というところから始めると、収拾がつかなくなることが予想される。

ここで教えたいのは、主人公が「どこかに行く」

化していますか。

・鬼が悪さをしなくなった
・仲間が増えた
・村が平和になった

説明　**「行って帰ってくる」間に、何かが大きく変化するというのも、物語の基本構造です。**

発問　**では、「故郷」の場合は、何がどのように変化しているのでしょうか。**

次回、検討することを予告する。

第5時　変化の検討

発問　**「故郷」では、主人公が故郷に「行って帰ってくる」間に、何がどのように変化していますか。**★7

意見を書かせて発表させる。

・初めは故郷が美しい思い出だったのが、最後は名残惜しくない気持ちに変化した。
・初めは寂寥を感じていたが、最後は希望を感じている。
・初めは「厳しい寒さ」という言葉があるが、最後

「事件が起こる」「帰ってくる」という三つのポイントである。だから、そこに焦点を絞って発問し、テンポよく進めているのである。

★6　教材「を」学ぶのではなく、教材「で」学ぶ

有名な作品であれば、内容そのものを学習することにも意味はある。だが、それで終わってしまっては、他の作品を読み解く力はつかない。

文学作品の授業では、その作品を読むことを通して、他の作品にも転用可能な読み取りのスキルを育てること。つまり、教材「で」学ぶということだ。

これが、分析批評の授業の考え方である。

★7　簡単な「型」は口頭で伝える

「何がどのように変化しているか」という課題なので、「○○が……（ように）変化している」という「型」で書かせたい。しかし、3年生ならば、この程度の簡単な「型」は、わざわざ黒板に書いて示すまでもない。何度か口頭でくり返して伝えれば、ほとんどの生徒は書けるはずだ。すべての「型」を板書で示すのではなく、省略できる部分は省略する

はない。

指示　**変化についてノートにまとめて書きなさい。**

> この物語の変化について考える。
> 初めは、……。
> それが最後には、……。
> このように、……。

型を示してまとめ作文を書かせる。

第6時　**クライマックス**

説明　**「アンパンマン」は初めにバイキンマンが悪さをしてみんなを困らせますが、最後は平和が戻ります。**★9

発問　**その変化の瞬間は何ですか。**

・アンパンマンがバイキンマンやっつける。

説明　**物語には、大きく変化する瞬間があります。それを「クライマックス」と言います。**

発問　**「故郷」のクライマックスはどこですか。教科書に線を引きなさい。**

ことで、授業がシンプルになり、テンポが良くなる。

★8　ストーリーを単純化して示す

子供向けのストーリーは、筋がシンプルである。言い替えれば、「型」が同じである。だから、展開が分かりやすく、小さい子でも理解できるのである。

アンパンマンで言えば、

①バイキンマンが出てきて悪さをする
②みんなが困ってアンパンマンを頼る
③アンパンマンがバイキンマンをやっつける
④町に平和が戻る

という展開である。

ストーリーを単純化して示すことで、「型」が見えやすくなる。

★9　ノートを見ない発表で考えを整理させる

ノートに書いた意見を発表し合う活動をよく取り入れるが、その時に、「ノートを読み上げる」生徒が多い。そうすると、目線は相手の顔ではなくノートに向いていて、読み方も棒読みになりがちで、相手には伝わりにくい発表になることが多い。

・P99…母の口からルントウの名前が出たところ
・P106…変わり果てたルントウと再会したところ
どちらかの考えが多い。

指示　見せたら理由をノートに書きなさい。

書かせて発表させる。

指示　友達3人と発表し合います。できるだけノートを見ないで、考えたことを説明するようにします。★9

しばらく発表の時間を取る。

指示　最後に、考えたことをまとめて書きます。★10

この物語のクライマックスは、○ページ○行目の「……」という所だ。理由を説明する。

まず、……。
次に、……。
つまり、……。
以上のことから、クライマックスは……。

型を示してまとめ作文を書かせる。

そこで、「ノートを見ないで」という指示を加えることで、書いた内容を思い出しながら、相手の顔を見て伝えるように話すようになり、説明力がつく。そして、全体発表の時にも、ノートを見ないで発表している生徒がいれば、取り上げてほめる。

→「立ち往生しない」授業の原則⑧

★10　どんな教材でも使える「型」を教える

上に示した意見の「型」は、どんな意見を書く時にも使える普遍的な「型」である。まず結論を述べ、理由を説明し、最後にもう一度結論をまとめる。シンプルだから、何にでも応用できる。このような、応用範囲の広い「型」をくり返し教え、使わせて、習得させていくことが大切である。

3年――夏草――『おくのほそ道』から　松尾芭蕉

第1時 **旅立ち（1）音読・概要**

P154の題名、作者を確認。P160でジャンル、時代を確認。

まず、下段の現代語訳を追い読み。

読みながら、「船頭」「馬子」「風雅」など難しい語句の解説を簡潔に短く入れる。

指示　現代語訳を、立って1回、座って1回、読みなさい。★1

続いて、古文を追い読み、交替読みで何度か練習する。

教師「月日は百代の過客にして」→生徒「月日は永遠に旅を続ける旅人のようなものであり」…というふうに交替読みしていく。

指示　場所を表す言葉に○を付けなさい。★2

全部出させる。以下が出るはずだ。

立ち往生しない授業のワンポイント解説！

★1　難語句の説明は必須

生徒にとっては、現代語訳に使われている言葉でさえ、理解が難しいものが多い。できれば、難語句の意味を頭に入れた状態で現代語訳を読んだほうが、理解しやすい。

そこで、最初に1回現代語訳を読んだ後に語句の解説をして、その後にまた現代語訳を読ませている。

★2　作業を入れて参加場面を作る

古典教材はどうしても説明する部分が多くなりがちで、生徒は受け身で授業を聞いていることが多くなる。できるだけ作業を入れて、生徒が聞いているだけの状態を脱する工夫を取り入れたい。

――→「立ち往生しない」授業の原則③

①船の上、②海浜、③江上の破屋、④白河の関、⑤松島、⑥住めるかた、⑦杉風が別墅、⑧草の戸、⑨雛の家、⑩庵

発問　この中で、同じ場所を表しているのはどれですか。★3

個人で考えさせた後、班で検討させる。

③江上の破屋、⑥住めるかた、⑧草の戸、⑨雛の家は同じ場所（元々住んでいた家）である。

発表させて理由を聞きながら、適宜確認していく。

黒板に家を2軒描き、芭蕉の引っ越しについて簡単にまとめさせる。

発問　元の家に今住んでいる人はどんな人ですか。そのことが推測できる言葉は何ですか。★4

・「雛の家」から、雛人形を飾るような女の子がいると分かる。

「雛人形」「華やか」などのキーワードを、適宜、板書に追加しながら確認していく。

発問　この場面で対比されていることは何ですか。★5

・「元の家」と「今の家」

・「さびしさ」と「華やか」

★3　現代語訳を読む必要が生じる発問

生徒は、この発問によって現代語訳をよく読み返して考えるようになる。

「庵」については、正解を確定することは難しいが、今住んでいる家と考えるなら、「杉風が別墅」と同じグループに入る。元の家と考えるなら、上と同じグループであるが、既に他人が住んでいる家の柱に俳句を掛け置くというのは少し考えづらい。

★4　関連する発問を同時に出す

発問の答えは、「雛人形を持っている人」つまり「小さい女の子」ということになるが、これは「雛の家」という言葉がそのまま根拠になっている。そのため、メインの発問と、根拠を問う発問を同時にしているのである。

★5　古典の読み取りにも有効な「対比」

時の移り変わりをとらえさせるために、「対比」を問うている。「枕草子」や「平家物語」なども「対比」で読み解くことができる。古典作品にも有効な「対比」の読み取りを、くり返し授業に取り入

・「草の戸」と「雛の家」

説明　**同じ家も、住む人が変わることで移り変わってゆくことを表した場面です。**

第2時　旅立ち（2）場所・心情

P154〜P155を、古文→現代語訳で交替読み。

発問　**この場面で、芭蕉はどんな気持ちなのですか。一言で書きなさい。**★6

書かせてノートチェックし、板書させる。

・早く行きたい気持ち

・旅が楽しみな気持ち

・思い残すことはないという気持ち

・いつか戻ってくるという気持ち

指示　**その気持ちはどこから分かりますか。古文に線を引きなさい。**

・漂泊の思ひやまず

・そぞろ神の物につきて心をくるはせ…等

指示　**発表します。「……」という所から、芭蕉の「……」という気持ちが分かる、というふうに発表**

れて習得させていくと良い。

★6　一言で言わせることで抽象化できる

「一言で」という指示がないと、この場面に表れている芭蕉の心情をズラズラと羅列した意見が出るだろう。それも間違いではないが、見つけたことを列挙するだけで終わってしまうと、知的な授業にはなりにくい。そこで、「一言で」と条件をつけることによって、場面に表れている具体例をまとめて抽象化する思考が働く。

★7　口頭で発表させてから書かせる

フォーマットで書くことは大事な学習である。しかし、「内容を考える」ことと「文章化して書く」ことを同時に行うのが難しい生徒もいる。話すより、書く方が負荷が高いからである。

そこで、ノートに書かせる前に、一旦口頭で発表させている。このステップによって、頭の中で考えた内容が整理され、書くときにも負荷が減る。また、考えが浮かばない生徒にとっては、友達の発表を聞くことで、考えるヒントにもなる。

しなさい。★7

何名か発表させる。

指示　隣近所で同じように発表し合いなさい。

指示　今発表した内容をまとめて書きます。

松尾芭蕉はこの旅立ちの場面で、……と思っている。
それは、「……」という所から分かる。
これは、「……」という意味である。
つまり、芭蕉は、……
私はこの場面を読んで、……（感想）……

残り時間でP156〜P157の俳句地図を扱う。★8

発問　芭蕉がおくのほそ道の旅をスタートしたのはどこですか。（深川）

そこから、深川の次は？（千住）次は？（草加）次は？……とテンポよく確認していく。

それぞれの土地で詠んだ有名な俳句が周りに載っているので、順に音読して読み方を確認する。★9

指示　好きな俳句を一つ選んで、俳句と俳句の意味を覚

→「立ち往生しない」授業の原則②

★8　地図も音読させて空白を作らない

芭蕉の行程を確認させるパーツだが、「地図を読ませる」ために、地名を順番に言わせている。これを、教師が読み上げるだけだと、生徒は手持ち無沙汰になる。空白の時間が生まれ、集中力の低い生徒は離脱する。常に、何らかの活動を仕組んで、生徒がヒマにならないようにしたい。

★9　教科書の他の記述と関連づける

那須湯本は平家物語の那須与一の故郷である。白河の関は芭蕉が「越えたい」と願っていた所である。……適宜、簡単に解説を入れながら、終点大垣まで確認する。

★10　ページを黒板に書く

教科書のページ数を指示したとき、私は黒板に大きく「P158」のように書く。口頭での指示が届かない生徒が必ずいるからだ。そういう生徒が「先生、何ページですか？」と聞くと、それで授業のテ

えなさい。
覚えたら、教科書を見ないで友達に俳句と意味を説明させる。

第3時　平泉（2）

説明　１５８ページ。**芭蕉がこの旅で訪れた最北の地、平泉の場面です。**★10
古文を音読する。平泉前半の曾良の俳句までを、追い読み、交替読み、一斉読みで何度か練習する。
発問　**「三代の栄耀」とは何ですか。**★11
発問　**藤原三代が栄華を誇ったのは、何時代のことですか。**
奥州藤原氏が栄えたのは平安時代の終わり。源頼朝に滅ぼされたのが鎌倉幕府が始まる直前と説明する。
発問　**芭蕉がこの地を訪れたのは、何時代ですか。（江戸時代）**
奥州藤原氏が滅んでから五百年近く経っていることを確認する。
発問　**この場面で芭蕉に見えているものは何ですか。**

ンポが狂う。何ページか分からず、教師の顔を見た生徒には、黙って黒板を示せば良い。こうして言葉を削り、テンポをキープするのである。

★11　脚注を確認する方法を身に付けさせる

「三代の栄耀」の意味は、脚注にある。だが、脚注に書いてある＝生徒は分かる、と考えてはいけない。脚注に書いてあることが分からない（脚注を見るという方法を知らない）生徒もいるのだ）。
「三代の栄耀とは何ですか？」と発問したら、挙手した生徒にすぐ答えさせるのではなく、「どこに書いてありますか？」と聞く。「教科書の下です」と答えるのを受けて、全員に「指で押さえなさい」と指示する。そして、「意味を読みます」と音読させる。そこまで教えて、実際にさせることで、脚注を読むという方法を身につけさせていくのである。

★12　ポイント以外の部分は軽く扱って流す

ここで「見えているか見えていないか」に踏み込みすぎると、「高館」の検討をする時間が短くなってしまう。「高館」はこの後の展開で義経の運命に

○を付けなさい。

時間を取って考えさせる。

大門の跡、秀衡が跡、金鶏山、高館、北上川、衣川、和泉が城、高館、大河、泰衡らが旧跡、衣が関、この城、が出る。全て板書する。

「大門の跡」「秀衡が跡」について、やりとりしながら検討する。「跡」なので、建物は残っていなかったと考えられる。★12

「金鶏山」「北上川」も検討する。自然の風景は、そのまま残っていたと考えられる。

発問　**「高館」は残っていたのですか、残っていなかったのですか。**★13

「この城」とあるので、残っていた。「草むらとなる」とあるので、残っていなかった。両方の意見が出るだろう。

説明　**義経は、この城で藤原氏にかくまってもらっていました。頼朝に追われていたのです。藤原氏の裏切りで、ついに頼朝に滅ぼされました。その戦いが、この高館だったのです。**

関わってくる重要な場所なので、時間をかけて扱いたい。そこで、ポイント以外の部分は軽く扱って流すようにする。可能なら扱いたい「幹」となる中心の部分と、「枝葉」の部分を区別して、授業を制御することが大切だ。

★13　歴史的背景をどこまで説明するか

古典の学習では、歴史的背景を知らなければ場面の意味が分からないことがよくある。

この「おくのほそ道」でも、義経が源平の争いで武功を立てた後、頼朝に疎まれ東北に落ち延びたことや、義経の家来である武蔵坊弁慶が主君を守るために「立ち往生」したエピソードなどを知らなければ、この場面の本当の意味は理解できない。

しかし、この場面にまつわるエピソードをあれもこれも盛り込もうとすると、内容が増えすぎて時間が足りなくなってしまう。

そこで大切なことは、授業の中心に据える事項に焦点を絞り、それにまつわる歴史的事柄のみを扱うということである。私の場合は、場面の後半に出て

発問　「国破れて山河あり、城春にして草青みたり」という言葉は、何という漢詩を元にしているのですか。（春望）

脚注の「春望」を音読し、杜甫が戦乱のために故郷に帰れず、時の移り変わりに涙したことを説明する。

説明　この高館の草むらを見ながら、芭蕉は杜甫の悲しみを思い出したのです。

発問　「夏草や兵どもが夢の跡」の「兵」とは誰のことですか。★14

・義経たち
・義経の家臣たち
・昔の武士たち

説明　当時、ここで戦って死んだ武士たちを表しています。

発問　「夏草や兵どもが夢の跡」という俳句はどういう句なのですか。説明しなさい。★15

隣近所で説明させる。

指示　ノートに説明を書きなさい。

・はるか昔にこの地で戦って死んだ武士たちの姿は

くる「夏草や」の俳句の解釈を、授業の中心に据えている。そのために、「兵たち」が誰なのか、そこでどんな戦が起きたのか、という点に絞って、「高館」の歴史的背景を説明している。

★14　文脈を踏まえて解釈させる

基本的に俳句の解釈は自由であるが、ここでは、文章の中に位置付けられた俳句であり、やはり本文の内容からかけ離れた解釈は避けるべきであろう。

そのために、前の部分で歴史的背景を押さえているのである。書かせる時には、ここまでの学習をふまえて書くように言う。

★15　こまめに活動を入れる

いきなりノートに書かせるのではなく、「隣近所で説明し合う」という時間を取っている。時間は生徒の様子を見ながら調整するが、1～2分程度である。ここでの目的は、「頭の中にあるイメージを整理して言葉にすること」と、「全く分からない生徒が、分かる生徒の意見を参考にすること」である。したがって、この段階で完璧を求める必要はない。

今はなく、ただ夏草が生えているだけである。まるで彼らの夢の跡が残っているようだ。

発問　「卯の花に兼房見ゆる白毛かな」という俳句は、誰が詠んだのですか。（曾良）

弟子の河合曽良が旅に同行していたことを説明する。

発問　兼房とは誰ですか。（義経の家来）

発問　なぜ曾良は兼房を思い出したのですか。

・白い卯の花を見て、白毛の兼房を思い出した。

発問　もう一つ、兼房の白毛を思い出したきっかけがあります。何でしょうか。★16

杜甫の「春望」である。「白頭掻けば更に短く」という箇所が伏線になっている。

第4時　平泉（2）

P159L3「かねて～」から最後まで音読する。古文を音読する。追い読み、交替読み、一斉読みで何度か練習する。

発問　「二堂」とは何ですか。（経堂と光堂）

発問　経堂には何があるのですか。（三将の像）

だいたいの生徒が説明し終わった頃合いを見て、切り上げれば良い。全員が最後まで終わるのを待っていると、空白の時間が生まれ、授業がだれる。

――→「立ち往生しない」授業の原則②

★16　直接説明されていないことを発見させると知的な授業になる

「卯の花」から白髪を連想したことは脚注に書いてある。脚注を見て理解することは大切な学習技能であるが、それだけでは知的な面が弱い。ここでは、前の部分で「春望」の内容を確認しておいたことが伏線となっていて、「教科書に書いてあります。探してごらん」と促して見つけさせると、知的な活動になる。

★17　書いてあることは説明しない

ここで発問していることは、すべて教科書の脚注に書いてある。だから、発問で進めているのである。

教科書を読めば書いてあることを教師が説明し、黒板にまとめ、生徒がそれをノートに写すという授

発問　**三将とは誰ですか。（清衡・基衡・秀衡）**

発問　**光堂には何があるのですか。（三代の棺、三尊の仏）**

発問　**三代とは誰ですか。（三将と同じ）**

発問　**「三尊の仏」とは何ですか。**[★17]**（脚注で確認する）**

「七宝散り失せて～」から「なれり」まで音読。

指示　**ここに出てくるものを、芭蕉に見えているものと見えていないものに分けなさい。**[★18]

七宝、玉の扉、金の柱、草むら、四面、甍、千歳の記念、等が出る。

「七宝」「玉の扉」「金の柱」に絞って考えさせる。

発問　**これらは、見えているのですか、見えていないのですか。**

〈見えている〉

・脚注に「～廃墟の草むらとなるはずのところを」とあるので、実際はなっていない。

・「鞘堂が建てられた」とあるので、守られていた。

・「千歳の記念」とあるので残っている。

〈見えていない〉

業では、生徒が自力で学ぶ力は育たない。

「分からない」という生徒は、「教科書の読み方」が分からないという場合が多いのだ。だから、発問と指示で「教科書を読めば分かる」ということを理解させて身につけさせていく必要がある。

★18　討論にすることで内容を読み取らせる

ここで意見が分かれる発問をしているのは、討論が目的ではない。討論を通して、文章の意味を読み取らせることが目的である。そのため、解釈のポイントとなる「七宝」「玉の扉」「金の柱」「～草むらとなるべきを」という言葉に絞って考えさせているのである。ここまでの学習で「脚注を読む」ということを身につけている生徒は、脚注の語釈を根拠にして「見えている」と主張する。それが唯一の正解ではないが、学習したことを生かして意見を述べるという点を評価したい。

★19　一般的な解釈を提示する

既に「鞘堂」ができていたということは、その中にある光堂は、芭蕉には見えていないという解釈も

・「風に破れ」「霜雪に朽ちて」等とある。
・これらのものはなくなってしまったが、光堂だけは残ったことに感動している。

自由に考えさせる。★19

説明　どちらが正解か決め手はありませんが、「七宝散り失せて～草むらとなる」までを「べきを」が受けていると考えると、実際はそうならなかったと言えます。

指示　最後の俳句は、どういう句なのですか。説明を書きなさい。

・藤原氏の他の建物等はすべて廃墟になってしまったのに、光堂だけは残っていたことに感動している。

ある。つまり、芭蕉の心の中に描いた風景としての光堂ということである。「見えていたか、見えていなかったか」という問題の決着をつけることはできない。

　あくまで、その発問を考えることを通して、古文の意味や解釈を理解させることが目的である。

→「立ち往生しない」授業の原則⑩

あとがき

初めて中学校に勤務した十三年前。毎日、「明日の授業」に困っていた。ＴＯＳＳランドで検索しても、中学国語の実践は数少なかった。一つの単元を丸ごと追試できるコンテンツは、ほとんどなかった。

きっと、私のように日々の授業に困っている先生は多いはずだ。そんな先生方が少しでも安定した授業ができるように、単元丸ごとの指導案を共有したい。そんな思いで、自らＴＯＳＳランドコンテンツのアップを始めた。

コンテンツが増えるにつれ、全国セミナーで出会った中高向国の仲間に、私のＴＯＳＳランドに助けられているという声を頂くことが多くなった。自分のコンテンツが全国の仲間に役立っていることが嬉しかった。

現在、ＴＯＳＳランドには私がアップした中学国語のコンテンツが一五〇本以上公開されている。すべて「単元丸ごと」の指導案である。明日の授業に困った時、とりあえず「そのまま追試」すれば、大きく「立ち往生」することなく授業を進めることができる。コンテンツの総アクセス数は、現在二〇〇万を超えている。今でも「明日の授業」に困っている先生方が多いことが窺える。

ＴＯＳＳランドコンテンツを作るときに、いつも悩むことがあった。それは、「見やすさ」と「詳しさ」のバランスである。

発問・指示だけを簡潔に記述すれば、コンテンツは見やすくなるが、反面、発問・指示の意味や実際の授業における留意点は分からない。逆に、詳しい解説を入れると単元全体の流れが分かりにくくなり、「明日の授業」にすぐに役立つ便利さが失われてしまう。

そのアンビバレンスが、悩みの種であった。

本書の企画を頂いたとき、まず頭に浮かんだのが、この両面を解決できる可能性であった。

つまり、ページ上段に発問・指示を簡潔に示し、下段にその詳しい解説を入れるという本書のスタイルは、

明日の授業にすぐに役立つ

と同時に、

授業行為の意味が詳しく分かる

という欲張りな要求に応えるために生まれたのである。

樋口編集長からは何度も「このようなスタイルは見たことがない」とご指導を頂き、さらに組版の担当者を何度も悩ませながらも、この形にこだわったのは、以上のような理由からである。（この場を借りて、改めてお詫びと感謝を申し上げます。）

何はともあれ、私の初の単著はこうして世に出ることとなった。

一人でも多くの生徒の笑顔を願い、意識的・意図的に、日々の実践を積み重ねる全国の同志と共に、中高向国をさらに発展・継承してゆく思いを新たにしつつ、筆を擱く。

令和五年七月吉日　村上　睦

著者紹介

村上　睦（むらかみ・むつみ）

1975年石川県金沢市生まれ。石川県の公立高校・私立高校勤務を経て福井県の公立学校教員となる。TOSS（Teachers' Organization of Skill Sharing）のサークルやセミナーで向山型国語を学び、日々の授業に生かしている。中学校での研究主任、教務主任などを経験し、現在は学年主任として勤務する傍ら、中高向山型国語の事務局としてセミナーの運営や論文の執筆等に携わり、世界最大の教育ポータルサイトTOSS-LAND（https://land.toss-online.com/）にも自身の授業実践を数多く紹介している。趣味はICT関連、英会話。特技はギター弾き語り。

ナマイキだからカワイイ中学生を相手に 国語授業で立ち往生!? 先生のピンチを救うスキル㊿

2023年9月25日　初版発行

著者　村上 睦
発行者　小島直人
発行所　株式会社　学芸みらい社
〒162-0833 東京都新宿区箪笥町31番 箪笥町SKビル3F
電話番号 03-5227-1266
https://www.gakugeimirai.jp/
e-mail：info@gakugeimirai.jp

印刷所・製本所　藤原印刷株式会社
企画　樋口雅子
編集　阪井一仁
校正　西田延弘
装丁・本文組版　武井千賀子

落丁・乱丁は弊社宛にお送りください。送料弊社負担でお取り替えいたします。

ISBN 978-4-86757-033-3 C3037